SHARIA-WETGEVING VOOR NIET-MOSLIMS

Centrum voor de studie van de politieke islam

Bill Warner

© CSPI, LLC, 2010
This edition © CSPI International, 2016

Bill Warner
SHARIA-WETGEVING VOOR NIET-MOSLIMS

Uit het Engels origineel „Sharia Law for Non-muslims" gepubliceerd door CSPI Publishing, Inc 2010 in de Verenigde Staten.
Vertaald en gepubliceerd door Centrum voor de Studie van de Politieke Islam International, Lidicka 700/19, 602 00 Brno, Czech Republic.
Eerste editie. Brno, 2016.
ISBN 978-80-88089-33-9
www.cspii.org

OVER DE AUTEUR

Dr. Bill Warner is een prominente en zeer gerespecteerde expert op het gebied van de politieke islam. Hij behaalde een PhD in natuurkunde en wiskunde aan de North Carolina State University in 1968. Acht jaar lang was hij professor aan de Tennessee State University.

Dr. Warner heeft zijn hele leven interesse gehad in religie en de effecten ervan op de geschiedenis. Decennia lang heeft hij de bronteksten van de grote religies bestudeerd. Zelfs vóór de vernietiging van het World Trade Center had hij de oorlog tussen de islam en Amerika voorspeld. De dag na 9/11 besloot hij om de bronteksten van de islam voor de gemiddelde persoon toegankelijk te maken.

Dr. Warners opleiding in wetenschappelijke theorie en wiskunde heeft hem gevormd in hoe hij de islamitische leer analyseert. De eerste stap was het besef dat de islamitische teksten ingewikkeld zijn gemaakt om te lezen en te begrijpen. Daarom creëerde hij een educatief programma om de teksten van verwarring te ontdoen. Het werd duidelijk dat de islam niet is gebaseerd op dezelfde beginselen van beschaving als de rest van de wereld.

Dr. Warner richtte het *Centrum voor de Studie van de Politieke Islam (CSPI)* op en is hiervan de directeur. Hij heeft een dozijn boeken geschreven over de politieke islam en maakt het hiermee heel begrijpelijk. Verder ontwikkelde hij de eerste zelfstudie cursus over de politieke islam.

AAN DE LEZER

Na de aanslag op de World Trade Torens op 11 september 2001, realiseerde ik me dat ik leefde in een wereld waar bijna niemand kennis had over de doctrine van de islam. Mijn studie van de islam begon ruim 40 jaar geleden en ik besloot dat ik mijn leven zou wijden aan het onderwijzen van de wereld over het politieke karakter van deze ideologie. Zodra je de leer begrijpt zul je ook in staat zijn om de geschiedenis te begrijpen en te zien wat de toekomst zal brengen.

De reden dat weinig mensen kennis hebben over de islamitische leer is omdat de trilogie teksten op een onduidelijke manier zijn geschreven. De Koran staat bekend als moeilijk te lezen. Dit boek geeft de lezer een eenvoudige manier om de islamitische leer te begrijpen.

De werkwijze die dit boek gebruikt voor het begrijpen van de islamitische leer is als volgt:
- Je bestudeert de islamitische doctrine, niet moslims. Islam heeft een politieke doctrine, evenals een religieuze leer. Dit boek gaat over de politieke islam, niet de religieuze islam.
- De tekst is eenvoudig en ongecompliceerd. Het doel is zelfstudie.
- Het leren vindt plaats in fasen. Dit boek is de eerste stap in een opleiding van vier niveaus.
- Dit boek heeft een uitgesproken standpunt. Islam verdeelt de mensheid in moslims en niet-moslims. Dit boek is geschreven vanuit het perspectief van de niet-moslim, dus de religieuze leer is onbelangrijk. Islam stelt veel eisen aan niet-moslims en deze eisen zijn beschreven in dit boek.

- Dit boek bevat objectieve kennis, geen mening. Alle referenties kunnen worden nagelezen en gecontroleerd met behulp van de referentienummers die de paragrafen voorafgaan. Lees het zelf en kijk of het klopt.
- De argumenten in dit boek zijn gebaseerd op feiten.

Een veelvoorkomende vrijspraak voor de islamitische doctrine is dat gematigde moslims deze niet volgen Dit boek gaat niet over moslims, gematigd of extreem, maar over de islamitische politieke doctrine en geschiedenis.

Als je een moslim over de islam vraagt krijg je alleen een persoonlijk standpunt. Aan wat voor soort moslim vraag je het, een gematigde of een jihadist? Zowel gematigde moslims als jihadisten onderwerpen zich allemaal aan de Soenna van Mohammed en de Koran.

We hebben het geluk om in een tijd te leven waarin de islamitische leer beschikbaar is voor iedereen die nieuwsgierig is. Islam is een fascinerend onderwerp – veel plezier met het lezen.

Bill Warner, PhD

INHOUDSOPGAVE

OVER DE AUTEUR 3
AAN DE LEZER 4
1. INLEIDING 8
2. WAT IS SHARIA? 14
3. VROUWEN 21
4. FAMILIERECHT 29
5. DE KAFIR 32
6. JIHAD 38
7. ONDERWERPING EN DUALISME 45
8. DE DHIMMI 51
9. SLAVERNIJ 54
10. VRIJHEID VAN IDEEËN 56
11. ISLAMITISCH BANKIEREN 62
12. EISEN 65
AANHANGSEL 72
NAWOORD 75
VERTALEN VAN DE KORAN NAAR HET ENGELS 77
SHARIA-WETGEVING IN EUROPA 79

INLEIDING

HOOFDSTUK 1

SHARIA IN HET HEDENDAAGSE EUROPA

Europa is getuige van een stijging van islamitische overheersingsdrang, eisen voor de invoering van Sharia-wetgeving en gewelddadige intimidatie. Aangenomen wetten in Europese landen en besluiten van Universiteiten en andere organisaties hebben de vrijheid van meningsuiting verstikt. Terwijl kritiek op de islam wordt beperkt, slagen autoriteiten er niet in om te voorkomen dat predikers aanzetten tot geweld tegen vrouwen en joden, en worden publieke oproepen tot het vermoorden van diegenen die de islam beledigen getolereerd.

- De EU houdt zich bezig met het idee om via wetgeving "intolerantie" inclusief "islamofobie" te verbieden.
- Sharia-beginselen worden afgedwongen door "Sharia-rechtbanken" en door gangbare rechtbanken, dan wel door gewelddadige intimidatie.
- Vrouwonvriendelijke en feitelijke parallelle systemen zijn gebruikelijk, eerwraak en homofobie wijdverspreid, en de intimidatie van joden is toegenomen.
- Sharia-rechtbanken opereren in het Verenigd Koninkrijk, gerund door islamisten die openlijk het recht van een man om zijn vrouw te mishandelen verdedigen. In het Verenigd Koninkrijk en Denemarken zijn "Sharia-zones" uitgeroepen en in Duitsland lopen "Sharia-patrouilles" door de stadsstraten in een poging om Sharia-normen op te leggen, met name gericht op vrouwen en mensen die alcohol drinken.

- INLEIDING -

- Een Frans tijdschrift werd beschoten met machinegeweren voor het drukken van Mohammed-cartoons, en in Oostenrijk zijn er vervolgingen geweest vanwege negatieve standpunten over de islam en zijn profeet.
- De Nederlandse filmmaker Theo van Gogh werd vermoord voor het bekritiseren van de behandeling van vrouwen binnen de islam en kritische Nederlandse politici worden met de dood bedreigd. Geweld tegen homoseksuelen is toegenomen in Nederland waarbij hoofdzakelijk moslim jongeren betrokken zijn.
- Geweld tegen vrouwen en joden is gestegen in Scandinavië, waardoor vele joden het gebied verlaten.

De reactie van de gevestigde orde toont meer bezorgdheid over het voorkomen van discussie over deze feiten dan ze te confronteren.

SHARIA IN HET HEDENDAAGSE AMERIKA

Hieronder volgen hedendaagse en historische gebeurtenissen in Amerika die de Sharia-wetgeving als drijfveer hebben:

- Op 11 september 2001 vielen jihadisten het World Trade Center in New York aan en ze vernietigden het. Deze gruweldaad was in samenspraak met de jihad-doctrine die in de Sharia-wetgeving te vinden is. De aanval was een politieke actie, gemotiveerd door een religieus mandaat voor onophoudelijke jihad.
- In Amerika moeten schoolboeken door islamitische raden worden goedgekeurd. Dit is in overeenstemming met de Sharia-wetgeving.
- Amerikaanse werkgevers en scholen worden geconfronteerd met eisen om tijd en ruimte te krijgen voor islamitisch gebed. Deze eisen zijn gebaseerd op Sharia-wetgeving.
- Het Amerikaanse banksysteem islamiseert richting islamitisch bankieren. Het bankensysteem begint zich in de financiële wetgeving te schikken naar de Sharia, maar is onwetend over de totaliteit van de Sharia-wetgeving.

- Universiteiten worden gevraagd te zorgen voor aparte zwembaden voor mannen en vrouwen en andere gescheiden sportfaciliteiten voor moslimvrouwen.
- Rechtzaken worden aangespannen tegen ziekenhuizen die niet voorzien in een behandeling conform de Sharia.
- Bij cursussen aan hogescholen en universiteiten is geen sprake van kritisch denken ten aanzien van de geschiedenis en geloofsleer van de islam. Onder de Sharia is geen enkele kritiek op de islam toegestaan.
- Moslim-liefdadigheidsinstellingen geven geld aan jihadisten (islamitische terroristen), conform de Sharia-wetgeving.
- Amerikaanse gevangenissen zijn bolwerken voor bekering tot de islam.
- Werkplekken veranderen in plekken voor islamitische aanbidding door middel van speciale ruimtes en vrije tijd voor gebed. Dit is in overeenstemming met de Sharia-wetgeving.
- Islamitische vluchtelingen brengen hun meerdere vrouwen naar Amerika voor sociale uitkeringen en medische behandeling. De Amerikaanse autoriteiten komen niet in actie – zelfs als hen bewijs wordt voorgelegd. Polygamie is opgenomen in de Sharia.

In Irak en Afghanistan werden oorlogen gevoerd om grondwetten te implementeren waarvan het eerste artikel de superioriteit van de Sharia-wetgeving is.

WAAROM IS HET NODIG DE SHARIA TE KENNEN?

Islamitische geleerden beweren: islamitische wetgeving is volmaakt, universeel en eeuwig. De wetten van de Verenigde Staten zijn tijdelijk, beperkt en zullen verdwijnen. Het is de plicht van elke moslim om de wetten van Allah, de Sharia, te gehoorzamen. De wetten van de VS zijn door mensen gemaakt, terwijl Sharia-wetgeving heilig is en afkomstig van de enige echte god, Allah.

Sharia: De Sharia is gebaseerd op de principes uit de Koran en andere islamitische religieuze/politieke teksten. Er zijn geen gemeenschappelijke principes tussen de Amerikaanse wet en de Sharia.

- INLEIDING -

Onder de Sharia-wetgeving:
- is er geen vrijheid van religie.
- is er geen vrijheid van meningsuiting.
- is er geen vrijheid van denken.
- is er geen vrijheid van artistieke expressie.
- is er geen persvrijheid.
- is er geen gelijkheid van mensen – een niet-moslim, een kafir, is nooit gelijk aan een moslim.
- is er geen gelijke bescherming voor verschillende groepen mensen. De rechtspraak is dualistisch: er zijn wetten voor mannelijke moslims en andere wetten voor vrouwen en niet-moslims.
- zijn er geen gelijke rechten voor vrouwen.
- mogen vrouwen worden geslagen.
- mogen niet-moslims geen wapens dragen.
- is er geen democratie, omdat democratie betekent dat een niet-moslim gelijk is aan een moslim.
- is onze grondwet een door mensen gemaakt document van onwetendheid, genaamd *jahiliyah*, dat zich moet onderwerpen aan de Sharia.
- zijn niet-moslims, **dhimmi's**, derderangs burgers.
- moeten alle overheden gehoorzamen aan de Sharia-wetgeving.
- is de Sharia-wetgeving, in tegenstelling tot de algemene wetgeving, niet voor interpretatie vatbaar, noch kan het worden veranderd.
- is er geen Gulden Regel.

NA HET LEZEN VAN DIT BOEK

Dit boek gebruikt een feitelijke benadering door kennis op grond van een analytische en kritische denkwijze. Na het lezen ervan zul je weten wat de Sharia-wetgeving is. Nog belangrijker, je zult weten waarop de Sharia is gebaseerd. Je zult inzicht in de islam verwerven die de meeste mensen in het Westen niet hebben. Je zult de islam gaan beginnen te begrijpen.

DE DRIE STANDPUNTEN TEN OPZICHTE VAN DE ISLAM

Ten opzichte van de islam zijn er drie standpunten, afhankelijk van hoe je over Mohammed denkt. Als je gelooft dat Mohammed de profeet van Allah is, ben je een gelovige. Als je dat niet gelooft, ben je een ongelovige. Het derde standpunt is dat van de apologeten voor islam. Apologeten (geloofsverdedigers) geloven niet dat Mohammed een profeet was, maar zijn tolerant tegenover de islam zonder feitelijke kennis te hebben van de islam.

Hier is een voorbeeld van de drie standpunten:

In Medina zat Mohammed een hele dag naast zijn twaalfjarige vrouw te kijken hoe 800 joden met het zwaard werden onthoofd[1]. Hun hoofden werden afgehakt omdat ze hadden gezegd dat Mohammed niet de profeet van Allah was. Moslims zien het doden als noodzakelijk omdat het ontkennen van Mohammed's profeetschap een strafbaar feit tegen de islam was en nog steeds is. Ze werden onthoofd omdat het strafbaar is gesteld door Allah.

Ongelovigen zien deze gebeurtenis als een bewijs van jihadistisch geweld van de islam en als een kwaadaardige daad.

Apologeten zeggen dat dit een historische gebeurtenis is, dat alle culturen in hun verleden geweld kennen en dat je er niet over mag oordelen. Ze hebben geen enkele basale islamitische tekst gelezen, maar spreken op een gezaghebbende toon over de islam.

Afhankelijk van het standpunt was het doden van 800 joden:
- een tragedie
- een perfecte heilige daad
- gewoon een historische gebeurtenis. Wij hebben ergere dingen gedaan.

Er is geen 'juiste' visie op de islam omdat de standpunten niet met elkaar te verenigen zijn.

---

1 *The life of Mohammed*. A. Guillaume, Oxford University Press, 1982, pag. 464.

- INLEIDING -

Dit boek is geschreven vanuit het standpunt van de ongelovige. Alles in dit boek bekijkt de islam vanuit het perspectief van de manier waarop islam invloed heeft op niet-moslims. Dit houdt in dat de religie hier niet zo belangrijk is. Een moslim is geïnteresseerd in de religie islam, maar alle ongelovigen worden getroffen door de politieke standpunten van de islam.

Dit boek bespreekt de islam als een politiek systeem. Het gaat niet over moslims of hun religie. Moslims zijn mensen en verschillen van elkaar. Religie is wat mensen doen om in het paradijs te komen en de hel te vermijden. Het is niet nuttig en ook niet nodig om de islam als religie te bespreken.

We moeten het over islam op politiek vlak hebben, omdat het een krachtig politiek systeem is.

WAT IS SHARIA?

Hoofdstuk 2

Sharia-wetgeving is islamitische wetgeving. Sharia is de basis van alle eisen die moslims stellen aan onze maatschappij.

- Wanneer aan scholen wordt gevraagd een ruimte vrij te maken voor islamitisch gebed, wordt in feite aan ons gevraagd de Sharia-wetgeving uit te voeren.
- Als een moslim een hoofddoek draagt, dan is dat gehoorzaamheid aan de Sharia-wetgeving.
- Toen onze kranten de Deense cartoons van Mohammed niet wilden publiceren, onderwierpen ze zich aan de eisen van de Sharia-wetgeving.
- Als van onze ziekenhuizen wordt geëist dat ze moslimvrouwen op een speciale manier behandelen, dan is dat Sharia.
- Als onze schoolboeken eerst moeten worden doorgelicht door moslim organisaties voordat ze in onze scholen gebruikt mogen worden, is dat in overeenstemming met de Sharia-wetgeving.

De aanval op het World Trade Center werd gepleegd conform de oorlogsregels, jihad, zoals te vinden in de Sharia-wetgeving. Sharia-wetgeving is de basis van het religieuze, politieke en culturele leven van alle moslims.

Sharia-wetgeving wordt steeds meer in westerse landen ingevoerd, ondanks dat er geen kennis is van wat Sharia feitelijk inhoudt aangezien openbare, privé of religieuze scholen het niet onderwijzen.

HET GOEDE NIEUWS

De eenvoudigste manier om islam te leren kennen is via de Sharia-wetgeving.

Leren over de Sharia is een praktische introductie in de Koran en Mohammed.

Als je de Sharia kent, krijgt islam betekenis. De meeste mensen denken dat islam ingewikkeld is of zelfs onmogelijk om te begrijpen, maar als je haar principes begrijpt, is de islam heel, heel logisch. Het is gebaseerd op verschillende visies op de mens, logica, kennis en ethiek. Als je eenmaal de principes en logica begrijpt, kun je niet alleen verklaren wat er gebeurt en waarom, maar zul je ook in staat zijn de volgende stap in het proces te voorspellen.

DE REFERENTIENUMMERS BEGRIJPEN

Voordat je de Sharia kunt begrijpen, moet je weten dat er drie boeken zijn die de basis vormen van de Sharia.

Elke regel of wet in Sharia is gebaseerd op een passage in de Koran of de Soenna, het volmaakte voorbeeld van Mohammed (gebaseerd op twee teksten – de Hadith en de Sira). Iedere wet in de islam moet zijn oorsprong hebben in de Koran en de Soenna.

We kennen de Soenna als we de persoonlijke details van Mohammed's leven kennen. We weten hoe hij zijn tanden poetste en welke schoen hij als eerste aantrok. We kennen de Soenna vanwege de Sira en de Hadith.

Je zult waarschijnlijk denken dat de Koran de bijbel is van de islam. Dat is niet waar. De bijbel van de islam is zowel de Koran, de Sira als de Hadith; deze drie teksten worden de trilogie genoemd.

De Koran is slechts 14% van alle woorden van de islamitische doctrine. Van de gehele geschreven islamitische doctrine is 86% gewijd aan de Soenna (Sira en Hadith). Islam is 14% Allah en 86% Mohammed.

Sharia is niets meer dan een condensatie en extrapolatie van de Koran en de Soenna. Daarom is het onmogelijk de Sharia te begrijpen zonder enig begrip van de doctrine van de Koran, Hadith en de Sira. Blader naar een willekeurige pagina na dit hoofdstuk en je zult zien dat de meeste paragrafen een indexnummer hebben.

Een klassieke Sharia-wettekst is *The Reliance of the Traveller* van N. Keller, Amana Publications. Het is zeer gezaghebbend want het is geautoriseerd en goedgekeurd door vijf van de invloedrijkste hedendaagse islamitische geleerden. Het 1200 pagina's dikke boek is geschreven in de veertiende eeuw en behandelt onderwerpen als: politieke controle over niet-moslims, gebed, jihad, testamenten en onroerend goed, straf, rechtbank reglement en landgebruik. Het gaat over legaliteit en theologie.

Hier een karakteristieke paragraaf:

O8.0 AFVALLIGHEID VAN DE ISLAM
o8.1 Als een persoon de pubertijd heeft bereikt, geestelijk gezond is en vrijwillig de islam verlaat, verdient hij het om te worden gedood.

> **[Bukhari 9,83,17]** Mohammed: *"Een moslim die heeft toegegeven dat er geen god is behalve Allah en dat ik zijn profeet ben, mag niet worden gedood met uitzondering van drie redenen: als straf voor moord, voor overspel of voor afvalligheid".*

De verwijzing "o8.1" is een indexnummer in de Sharia-wettekst *The Reliance of the Traveller*. De tekst is opgesplitst in secties – a,b,c etc. Deze specifieke wet is te vinden in deel o, sectie 8, subsectie 1. Met het indexnummer o8.1 kan men rechtstreeks verwijzen naar de bron, *The Reliance of the Traveller*.

In het voorbeeld hierboven vinden we niet alleen de wet dat afvalligen (mensen die de islam verlaten) gedood zouden moeten worden, maar ook de ondersteunende doctrine in een hadith, een heilige tekst die naast de Koran wordt gebruikt. Een hadith is wat Mohammed heeft gezegd of gedaan.

Deze specifieke hadith is van *Sahih al-Bukhari*, een van de zes kannonieke hadith-verzamelingen van de soennitische islam. Deze profetische overleveringen, of Hadith, zijn ongeveer 200 jaar na Mohammed's dood verzameld door de moslimgeleerde Muhammed ibn Ismail al-Bukhari en tijdens zijn leven samengesteld. Het is het meest gezaghebbende van alle collecties. *Sahih* betekent authentiek of correct. Let op indexnummer **9.83.17**. Deze verwijzing is als een hoofdstuk- en versnummer, zodat je het origineel kunt opzoeken en lezen. De gehele Hadith inclusief Bukhari is op vele websites van universiteiten te vinden.

Hier is een Sharia-wet die wordt ondersteund door de Koran:

O9.0 JIHAD
Jihad betekent oorlog tegen de kafirs om de islam te vestigen.

> **Koran 2:216** *Je wordt bevolen te vechten ondanks dat je er een hekel aan hebt. Je kunt iets haten wat goed voor je is en van iets houden wat slecht voor je is. Allah weet het en jij niet.*

Hierboven hebben we de Sharia-tekst die definieert wat jihad is, en daarna volgt de fundamentele referentie voor de autoriteit. Ook hier kun je in *The Reliance of the Traveller* nakijken of de Koranverzen en de originele verwijzing **O9.0** kloppen.

Er is nog één laatste soort verwijzing naar een ondersteunend document.

OMGAAN MET EEN OPSTANDIGE VROUW
m10.12 Als een echtgenoot tekenen van opstandigheid bemerkt...

> **Ishaq969** ... *Mannen werden geacht om lichtjes geboden aan vrouwen op te leggen want zij waren gevangenen van mannen en hadden geen controle over zichzelf.*

Hierboven zien we het gebruikelijke Sharia-referentienummer **m10.12** dat verwijst naar de *The Reliance of the Traveller* – de originele verwijzing. Het Ishaq-indexnummer **969** verwijst naar een kantlijnnotitie en maakt het mogelijk de passage zelf te controleren in de Sira (Mohammed's biografie – *The life of Mohammad*, A. Guillaume).

GELOOFWAARDIG EN GEZAGHEBBEND

Dit is op feiten gebaseerde kennis op basis van kritisch denken en analyse. Alles wat je hier ziet kan onafhankelijk worden geverifieerd.

Dit is een heel andere benadering dan het stellen van vragen aan een moslim of een "deskundige" over islam of Sharia. Als een moslim of een willekeurige deskundige iets zegt over islam dat niet in overeenstemming is met de Koran of de Soenna, dan heeft de deskundige het fout. Als de deskundige iets zegt dat overeenstemt met de Koran of de Soenna, dan heeft de deskundige gelijk, alhoewel het overbodig is.

Als je eenmaal de Koran en Soenna kent, is nader advies niet nodig.

POLITIEKE ISLAM

Het grootste deel van de trilogie gaat niet over hoe een goede moslim te zijn. In plaats daarvan is het grootste deel van de tekst gewijd aan de ongelovige. De Koran wijdt 64% van alle woorden aan de ongelovige en de trilogie wijdt in geheel 51% van de tekst aan de ongelovigen.

Islam is NIET alleen maar een religie. Het is een complete beschaving met een gedetailleerd politiek systeem, religie en wetboek – de Sharia.

Mohammed predikte het geloof van de islam gedurende dertien jaar in Mekka en bekeerde 150 Arabieren tot de islam. Hij ging vervolgens naar Medina en werd daar een politicus en een krijgsheer. Na twee jaar in Medina was elke jood vermoord, tot slaaf gemaakt of verbannen. De laatste negen jaar van zijn leven was hij gemiddeld iedere zes weken betrokken bij een gewelddadige gebeurtenis[2]. Toen Mohammed stierf, stond er geen enkele vijand meer overeind.

Dit was geen religieus proces, maar een politiek proces. Jihad is politieke actie met een religieuze motivatie. Politieke islam is de doctrine die gaat over de niet-moslim.

---

2   The life of Mohammed. A. Guillaume, Oxford University Press, 1955, pag. 660.

Mohammed had geen succes met zijn religieuze programma, maar hij triomfeerde met zijn politieke programma van jihad. De Sharia-wetgeving is de politieke toepassing van de islamitische beschaving.

Het is de politieke aard van de islam die het grote verschil kenmerkt tussen Sharia en de joodse religieuze wet, de *halakha*. De joodse wetgeving heeft niets te zeggen over niet-joden en zegt uitdrukkelijk dat de wetgeving van het land boven de *halakha* staat.

Sharia heeft veel te zeggen over kafirs en hoe ze moeten worden behandeld, onderworpen en bestuurd. Sharia claimt politieke superioriteit boven de grondwet.

Er staat niets goeds in de Sharia voor niet-moslims. Daarom heeft elke ongelovige reden om de Sharia-wetgeving te kennen, met name politici, beleidsmakers, wetshandhavers en juristen. De Sharia-wetgeving gaat zowel over de ongelovige als over de moslim. Islam's houding en handelen jegens ongelovigen is politiek, niet religieus.

Hoewel de Sharia in strijd is met ieder principe van de grondwet, wordt het vandaag de dag geïmplementeerd omdat het Westen zich niet bewust is van de Sharia of haar betekenis.

SHARIA EN INTERPRETATIE

Na confrontatie met onaangename Koranverzen wordt over het algemeen gezegd dat de werkelijke betekenis afhangt van hoe men de tekst interpreteert. Al meer dan duizend jaar is de Sharia de officiële en normatieve interpretatie voor de gehele islam. De Sharia is de Koran en de Soenna, geïnterpreteerd door de meest gerenommeerde islamitische geleerden. Het is niet nodig verder te zoeken naar interpretatie: dit werk is al duizend jaar lang gedaan. Nieuwe kwesties binnen de islam moeten worden geëvalueerd en beoordeeld volgens de Sharia, de definitieve en universele morele gedragscode voor de gehele mensheid tot aan het einde der tijden.

De Sharia is gebaseerd op de volmaakte, onveranderlijke Koran en de Soenna. De grote meerderheid van de islamitische geleerden beweren dat Sharia de wil is van Allah in het verleden en het heden. Het zou in haar huidige vorm door alle volkeren ingevoerd moeten worden als de enige heilige wet.

Elke verandering of hervorming van de Sharia moet op de Koran en de Soenna van Mohammed gebaseerd zijn, net zoals de klassieke tekst.

TECHNISCHE DETAILS

Als je in dit boek iets leest waar je meer over wilt weten, dan kan je het opzoeken: de meeste paragrafen hebben een indexnummer.

Koran 1:2 is een verwijzing naar de Koran, hoofdstuk 1, vers 2.
Ishaq 123 is een verwijzing naar Ishaq's Sira, kantlijnnotitie 123.
[Bukhari 1,3,4] is een verwijzing naar *Sahih Bukhari*, deel 1, boek 3, nummer 4.
[Muslim 012, 1234] is een verwijzing naar *Sahih Muslim*, boek 12, nummer 1234.

VROUWEN

Hoofdstuk 3

ISLAMITISCHE GELEERDEN BEWEREN:
- Sharia-wetten over vrouwen zijn de heersende regels in islamitische families.
- Islam was de eerste beschaving die in vrouwenrechten voorzag en deze garandeerde.
- Mohammed gaf de wereld het perfecte voorbeeld van hoe vrouwen beschermd worden binnen de islam.
- Moslimvrouwen worden gekoesterd en wat wordt gekoesterd moet worden beschermd tegen de boosaardigheden van de ongelovige wereld.
- De rechten van moslimvrouwen zijn afkomstig van Allah.

De Sharia: De Sharia-wetgeving heeft verschillende wetten voor verschillende groepen mensen. Vrouwen vormen één van haar speciale klassen.

VROUWEN SLAAN

De grootse visie van de islam op vrouwen wordt gegeven in een vers uit de Koran:

> **Koran 4:34** *Allah heeft mannen superieur gemaakt over vrouwen omdat mannen hun rijkdom spenderen om ze te onderhouden. Daarom zijn deugdzame vrouwen gehoorzaam en moeten zij hun ongeziene delen bewaken zoals Allah ze heeft bewaakt. Wat betreft vrouwen van wie je vreest*

dat ze in opstand zullen komen, wijs ze eerst terecht, stuur ze dan naar een apart bed en sla ze daarna. Maar als ze vervolgens gehoorzaam zijn, doe dan verder niets; zeker, Allah is verheven en groot!

DE SHARIA: OMGAAN MET EEN OPSTANDIGE VROUW

m10.12 Wanneer een man bij zijn vrouw tekenen van opstandigheid bemerkt; zij het in woorden, als ze hem kil antwoordt terwijl ze dit eerder beleefd deed, of wanneer hij haar vraagt in bed te komen en ze weigert dit in tegenstelling tot haar gewoonte; of zij het in daden, wanneer ze zich van hem afkeert terwijl ze voorheen vriendelijk en vrolijk was, dan waarschuwt hij haar met woorden zonder haar aan te raken of te slaan, want het zou kunnen dat ze een excuus heeft.

De waarschuwing zou kunnen luiden: "Vrees Allah betreffende de rechten die je mij verschuldigd bent", of hij kan haar uitleggen dat haar opstandigheid zijn verplichting om haar te onderhouden wegneemt en haar de rug toe te keren ten voordele van andere echtgenotes, of hij zou haar kunnen informeren: "Je gehoorzaamheid aan mij is een religieuze plicht".

Als ze opstandigheid pleegt, onthoudt hij zich ervan met haar te slapen (seks met haar te hebben) en weigert hij met haar te spreken en mag hij haar slaan, maar niet zodanig dat ze gewond raakt, kneuzingen of botbreuken oploopt, of dat het bloedingen veroorzaakt. Het is onwettig om een ander in het gezicht te slaan. Hij kan haar slaan wanneer ze maar eenmaal of meermaals opstandig is, hoewel een zwakkere opvatting luidt dat hij haar niet mag slaan tenzij er herhaaldelijk sprake is van opstandigheid.

Ishaq969 *Hij [Mohammed] vertelde hen ook dat mannen rechten hadden ten opzichte van hun vrouwen en dat vrouwen rechten hadden ten opzichte van hun mannen. Echtgenotes mochten nooit overspel plegen of zich seksueel uitdagend gedragen naar anderen. Als ze dat wel deden werden ze opgesloten in een aparte kamer en daar licht geslagen. Als* ze zich onthielden van verboden gedrag, hadden ze recht op voeding en kleding. Mannen moesten lichtjes geboden opleggen aan vrouwen omdat zij de gevangenen van mannen waren en geen zeggenschap hadden over zichzelf.

[Abu Dawud 11, 2142] *Mohammed zei: een man zal niet worden gevraagd waarom hij zijn vrouw heeft geslagen.*

[Bukhari 7,62,132] *De profeet zei: "Geen van jullie zou je vrouw moeten geselen zoals hij een slaaf zou geselen en vervolgens gemeenschap met haar hebben in het laatste deel van de dag." De meesten van degenen in de hel zullen vrouwen zijn.*

DE GELOOFSLEER OVER VROUWEN

Er zijn vele manieren waarop de positie van de vrouw niet volwaardig is in de Sharia-wetgeving:

o22.1 De noodzakelijke kwalificaties voor een islamitische rechter zijn:
   (a) een man te zijn en geen slaaf [...]

o4.9 De schadevergoeding voor de dood of de verwonding van een vrouw is de helft van de schadevergoeding die betaald wordt voor een man.

[Bukhari 3,48,826] *Mohammed vroeg: "Is de waarde van een ooggetuigenverklaring van een vrouw niet de helft van die van een man?" Een vrouw zei: "Ja." Hij zei: "Dat is omdat de geest van een vrouw tekortschiet."*

L10.3 Ze verdelen het universele aandeel zodanig dat de man de portie van twee vrouwen krijgt.

Koran 4:11 *Het is op deze wijze dat Allah je beveelt voor wat je kinderen betreft: een man zou een deel moeten krijgen dat gelijk staat aan dat van twee vrouwen, [...]*

De volgende hadith stelt kamelen, slaven en vrouwen aan elkaar gelijk.

[Abu Dawud 11, 2155] *Mohammed zei: Als één van jullie een vrouw huwt of een slaaf koopt zou hij moeten zeggen: "O Allah, ik vraag U om het goede in haar en in de aanleg die U haar heeft gegeven; ik neem toevlucht tot U tegen het kwaad in haar en in de aanleg die U haar heeft gegeven." Als hij een kameel koopt, zou hij de top van zijn bult moeten vasthouden en hetzelfde moeten zeggen.*

Vrouwen zijn inferieur aan mannen voor wat betreft intelligentie en religie:

[Bukhari 1,6,301] *Onderweg om te gaan bidden passeerde Mohammed een groep vrouwen en hij zei: "Dames, geef aan goede doelen en aan de ongelukkigen, want ik ben er getuige van geweest dat de meeste mensen in de hel vrouwen zijn.*
Ze vroegen: "Waarom is dat zo?"
Hij antwoordde: "Jullie vloeken teveel en tonen je niet dankbaar naar jullie echtgenoten. Ik ben nog nooit iemand tegengekomen die het meer ontbreekt aan intelligentie of die zo onwetend is over haar religie dan vrouwen. Een voorzichtige en intelligente man zou door velen van jullie misleid kunnen worden."
Zij reageerden: "Waar ontbreekt het ons precies aan intelligentie en geloof?"
Mohammed zei: "Is het niet zo dat een getuigenis van één man gelijk staat aan de getuigenis van twee vrouwen?"
Nadat zij bevestigd hadden dat dit waar was, zei Mohammed: "Dat laat zien dat vrouwen tekortschieten in intelligentie. Is het tevens niet zo dat vrouwen niet mogen

bidden en vasten gedurende hun menstruatiecyclus? Zij zeiden dat ook dit waar was.
Mohammed zei daarop:" Dat toont aan dat vrouwen tekortschieten in hun religie."

De getuigenis van een vrouw is de helft waard van die van een man:

Koran 2.282 *Gelovigen! Wanneer je een lening afsluit voor een bepaalde termijn, schrijf het op, of om rechtvaardig te zijn, laat een klerk het opschrijven. De klerk zou niet mogen weigeren op te schrijven wat Allah hem geleerd heeft; laat de klerk daarom opschrijven wat de schuldenaar dicteert, denkend aan zijn plicht jegens Allah en het verschuldigde bedrag niet verlagen. Wanneer de schuldenaar onwetend is en niet in staat te dicteren, laat dan zijn voogd het doen in eerlijkheid. Roep er twee mannen bij als getuigen; als geen twee mannen gevonden kunnen worden, roep dan een man en twee vrouwen die volgens jou in staat zijn te getuigen. Als één van de twee vrouwen een fout maakt, kan de andere haar corrigeren [...]*

GENITALE VERMINKING VAN VROUWEN, VROUWENBESNIJDENIS

Het is jammer dat de term besnijdenis zowel gebruikt wordt voor verwijdering van de voorhuid bij de man als voor verwijdering van de clitoris bij de vrouw. Deze zijn niet te vergelijken.

[Bukhari 7,72,779] *Mohammed zei: "Vijf gebruiken zijn karakteristiek voor de oude profeten: besnijdenis, afscheren van het schaamhaar, kort knippen van snorren, het knippen van* *de nagels en het scheren van het okselhaar."*

Deze hadith verwijst naar het besnijden van vrouwelijke genitalia. Het gaat er vanuit dat zowel de man als de vrouw worden besneden.

> **[Muslim 003,0684]** *[...] Abu Musa zei vervolgens: "Wanneer is een bad verplicht?" Aisha antwoordde, "Dat heb je aan de juiste persoon gevraagd. Mohammed heeft gezegd dat een bad verplicht is wanneer een man is omsloten door een vrouw en hun besneden genitaliën elkaar aanraken."*

Besnijdenis is deel van de Sharia-wetgeving. Hier is de misleidende vertaling:

e4.3 Besnijdenis is verplicht voor zowel mannen als vrouwen. Bij mannen betekent het verwijdering van de voorhuid van de penis en bij vrouwen het verwijderen van de voorhuid van de clitoris (niet de clitoris zelf, zoals sommigen ten onrechte beweren).

Wat het Arabisch echter feitelijk zegt is:

e4.3 Besnijdenis is verplicht (voor iedere man en vrouw) door het afsnijden van de voorhuid bij de man, maar besnijdenis bij de vrouw is het wegsnijden van de clitoris (dit heet *Hufaad*)."

Deze misleidende vertaling verhult de Sharia-wetgeving. Deze misleiding heet **taqiyya**, een vorm van heilige misleiding

Bij de slag bij Badr vinden we een verwijzing naar de gewoonte om de clitoris te verwijderen.

> I564 Hamza zei: *"Kom hier, jij zoon van een vrouwenbesnijder."* Nu was zijn moeder Umm Anmar, een vrouwelijke besnijder (iemand die meisjes besneed) in Mekka. Daarop sloeg Hamza hem neer en doodde hem.

O12.0 DE STRAF VOOR OVERSPEL

o12.6 Als de straf steniging is, moeten zij worden gestenigd, ongeacht het weer of dat ze ziek zijn. Een zwangere vrouw wordt niet gestenigd tot zij gebaard heeft en het kind geen borstvoeding meer nodig heeft.

> [**Moslim 017, 4206**] ... Er kwam een vrouw bij Mohammed en ze zei: boodschapper van Allah, ik heb overspel gepleegd, [...] Nadat ze gebaard had, kwam ze naar hem met het kind (gewikkeld) in een doek en zei: Hier is het kind dat ik heb gebaard. Hij zei: Ga heen en zoog hem totdat hij geen zuigeling meer is. Toen hij geen zuigeling meer was, kwam ze naar hem toe met het kind, dat een stuk brood in de hand hield. Ze zei: "Apostel van Allah, hier is hij; hij is geen zuigeling meer en eet voedsel. Hij vertrouwde het kind aan een van de moslims toe en sprak toen de straf uit. Ze werd tot aan haar borst ingegraven en hij gaf de mensen bevel en zij stenigden haar. ...

EERWRAAK

Eerwraak maakt niet direct deel uit van de Sharia doctrine. Sharia dicteert dat de vrouw minderwaardig is aan de man en staat de man toe haar te slaan om zijn heerschappij af te dwingen, maar kent eerwraak geen wettelijke status toe. Er staat echter geen straf op het doden van een overspelige:

o5.4 Er staat geen boete op het doden van iemand die de islam verlaten heeft, een straatrover of een veroordeelde gehuwde overspelige...

e12.8 ... tot onwaardig (zij die gedood kunnen worden) behoren ... veroordeelde getrouwde overspeligen. .

Dit lijkt te betekenen dat er gelijke straffen zijn voor mannen en vrouwen, maar een man heeft vele legale wegen om seks te hebben, terwijl de vrouw zich strikt moet beperken tot alleen haar man. Daarom is het veel waarschijnlijker dat de vrouw wordt omgebracht.

De man heerst over de vrouw en zijn status in de gemeenschap is afhankelijk van hoe zijn vrouwen zich gedragen. **Ghira** is heilige jaloezie, zelfs Allah heeft ghira. Ghira is ook zelfrespect en de basis voor eerwraak.

Merk op dat in de volgende hadith Saeds dreigement om een man te doden die hij ziet met zijn vrouw niet wordt veroordeeld, maar gesteund. Geweld om de ghira van een moslim te verdedigen is zuivere islam.

> **[Bukhari 8,82,829; Bukhari 9,93,512]** *Saed bin Ubada zei: "Als ik een man met mijn vrouw zag zou ik hem treffen met het blad van mijn zwaard." Dit nieuws bereikte Mohammed, die toen zei: "Jullie mensen zijn verbaasd over Saed's ghira (zelfrespect). Bij Allah, ik heb meer ghira dan hij, en Allah heeft meer ghira dan ik, en Allah heeft vanwege Zijn ghira onrechtmatige en schandelijke daden en zonden begaan, in het openbaar en in het geheim."*

De meeste moorden uit eerwraak komen voor binnen islamitische gemeenschappen.

FAMILIERECHT

Hoofdstuk 4

Islamitische geleerden beweren: Het volmaakte islamitische familierecht is heilige wetgeving omdat die gebaseerd is op Allah's woorden in de glorieuze Koran en de Soenna van Mohammed. Alle andere wetten zijn gemaakt door mensen en moeten zich onderwerpen aan de wil van Allah; daarom is alleen Sharia-wetgeving geschikt voor moslims. Voor moslims is het een gruwel om naar kafir-wetten te moeten leven.

DE SHARIA:
m3.13 Voogden zijn er in twee typen, zij die hun opdracht aan een vrouw om met iemand te trouwen mogen afdwingen, en zij die dat niet mogen.
m6.10 Het is voor een vrij man onwettig om met meer dan vier vrouwen te trouwen.
m8.2 Een voogd mag zijn pre-puberale dochter niet aan iemand uithuwelijken voor minder dan het bedrag dat doorgaans wordt ontvangen als bruidsschat voor vergelijkbare bruiden.

OVERSPEL

> [**Bukhari 3,38,508**] *Mohammed zei: "Unais, confronteer de vrouw van deze man, en als ze toegeeft overspel te hebben gepleegd, laat haar dan stenigen tot de dood erop volgt."*

[Bukhari 8,82,803] *Ali liet een vrouw doodstenigen op een vrijdag en zei: "Ik heb haar gestraft zoals Mohammed dat zou doen."*

m0.4 De man mag zijn vrouw verbieden het huis te verlaten. Maar als een van haar familieleden overlijdt, heeft het de voorkeur haar te laten gaan om hen te bezoeken.

M5.0 HUWELIJKSRECHT, HUWELIJKSE PLICHTEN VAN DE ECHTGENOTE

m5.1 Een vrouw is verplicht haar echtgenoot altijd seks met haar te laten hebben:
(a) zodra hij het haar vraagt
(b) wanneer ze thuis is
(c) wanneer ze het lichamelijk kan verdragen

[Abu Dawud 11,21,38; 2139] *Muawiyah zei: "Apostel van Allah, hoe moeten wij onze vrouwen benaderen en hoe moeten we hen achterlaten?" Hij antwoordde: "Benader je tilth (tilth is een geploegd veld, een term voor de vagina) wanneer en hoe je maar wilt, ..."*

Het belangrijkste wat een vrouw inbrengt in het huwelijk is haar vagina.

[Bukhari 7,62,81] *Mohammed zei: "De huwelijksbelofte waarvan het meest terecht mag worden verwacht dat die wordt gehoorzaamd, is het recht van de echtgenoot om te genieten van de vagina van zijn vrouw."*

Allah vervloekt de vrouw die zich verzet tegen seks.

[Bukhari 7,62,121] *Mohammed: "Als een vrouw het verzoek tot seks van haar echtgenoot weigert, zullen de engelen haar de hele nacht vervloeken."*

In de Sira vinden we nog meer over de rechten van de echtgenoot:

> **Ishaq 957** *Mohammed stuurde Muadh naar Yemen om mensen te bekeren. Toen hij daar was, werd hem gevraagd welke rechten een man heeft over zijn vrouw. Hij antwoordde de vrouw die de vraag stelde: "Als je naar huis zou gaan en je man zou aantreffen met pus en bloed uit zijn neus lopend, en je zou het opzuigen tot het schoon was, dan nog zou je niet voldaan hebben aan de rechten van je man."*

KINDBRUIDEN

Toen Mohammed 51 jaar oud was, vroeg hij Aisha ten huwelijk toen ze zes jaar oud was. Met een kind trouwen is Soenna.

> **[Bukhari 7,62,18]** *Toen Mohammed Abu Bakr om Aisha's hand vroeg om met haar te trouwen, antwoordde Abu: "Maar ik ben je broer." Mohammed zei: "Je bent alleen mijn broer in Allah's religie en Zijn Boek, dus het is wettig voor mij om met haar te trouwen."*

DE KAFIR

HOOFDSTUK 5

Tot nu toe hebben we in vogelvlucht gekeken naar de Sharia en de positie van vrouwen binnen de Sharia. We komen nu aan bij een nieuw onderwerp – de ongelovige of niet-moslim. Het woord "niet-moslim" wordt gebruikt in de vertaling van de Sharia, maar het eigenlijke Arabische woord dat wordt gebruikt is *kafir*. Het woord kafir betekent veel meer dan niet-moslim. De oorspronkelijke betekenis van het woord was "verberger", hij of zij die de waarheid van de islam verbergt.

In de Koran staat dat de kafir mag worden misleid, tegen mag worden samengezworen, gehaat, tot slaaf gemaakt, bespot, gemarteld en nog erger. Het woord wordt gewoonlijk vertaald als "ongelovige" maar deze vertaling is onjuist. Het woord "ongelovige" is logisch en emotioneel gezien neutraal, terwijl kafir in elke taal het meest beledigende, bevooroordeelde en hatelijke scheldwoord is.

Er zijn veel religieuze namen voor kafirs: polytheïsten, afgodendienaars, Mensen van het Boek (christenen en joden), boeddhisten, atheïsten, agnostici en heidenen. Kafir dekt ze allemaal. Wat hun religieuze benaming ook is, ze kunnen allemaal hetzelfde worden behandeld. Wat Mohammed zei en deed met de polytheïsten kan ook worden toegepast op iedere andere categorie van kafir.

Islam besteedt bijzonder veel energie aan de kafir. Het grootste deel (64%) van de Koran is gewijd aan de kafir en het overgrote deel van de Sira (81%) gaat over Mohammed's strijd met hen. In de Hadith (overleveringen) is 37% van de tekst gewijd aan kafirs. In het geheel wijdt de trilogie 51% van haar inhoud aan de kafir.

Hoeveelheid tekst gewijd aan de kafir

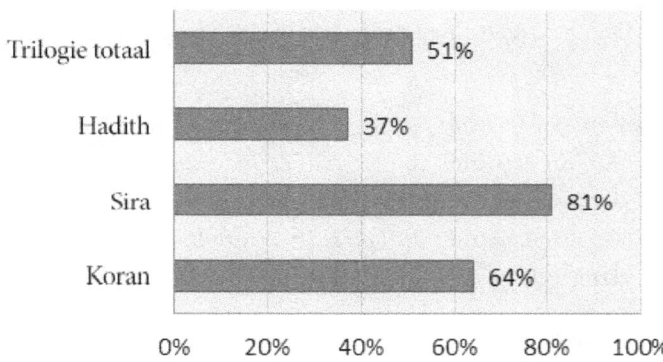

De Sharia wijdt lang niet zoveel aan de kafir aangezien de Sharia-wetgeving primair moslims betreft. Bovendien heeft de kafir weinig rechten, dus is er ook weinig om over uit te wijden.

De religieuze islam is wat moslims beoefenen om naar het paradijs te gaan en de hel te vermijden. Wat Mohammed deed met kafirs was niet religieus maar politiek. Het is de politieke islam die de kafirs aangaat, niet de religie. Wie kan het wat schelen hoe moslims aanbidden, maar het gaat ieder van ons aan wat ze met ons doen en over ons zeggen. Iedere kafir zou zich zorgen moeten maken over de politieke islam.

Hier zijn twee Sharia-verwijzingen naar kafirs:

> **w59.2** *[...] En dit verduidelijkt de koraanverzen en hadiths over haat in het belang van Allah en liefde in het belang van Allah,* **Al Walaa wa al Baraa**, *onbuigzaam zijn jegens de kafirs, hard tegen ze zijn en ze verafschuwen, terwijl je het lot van Allah de Allerhoogste accepteert voor zover dit het bevel is van Allah de Machtige en Majestueuze.*

Haat ter wille van Allah en liefde ter wille van Allah wordt **Al Walaa wa al Baraa** genoemd, een fundamenteel principe van de islamitische ethiek en de Sharia. Een moslim dient te haten wat Allah haat en te houden van hetgeen waar Allah van houdt. Allah haat de kafir en daarom dient een moslim zich overeenkomstig te gedragen.

> **Koran 40:35** *Zij [kafirs] die de tekenen van Allah [verzen uit de Koran] betwisten zonder dat hen autoriteit is toegekend worden zeer gehaat door Allah en de gelovigen [moslims]. Op die manier dicht Allah ieder arrogant en minachtend hart af.*

h8.24 Het is niet toegestaan om de **zakat** [liefdadigheid] te geven aan een kafir of aan iemand die je verplicht bent te onderhouden, zoals een echtgenote of een familielid.

Hier volgen enkele passages uit de Koran:
Een kafir kan worden bespot:

> **Koran 83:34** *Op die dag zullen de gelovigen de kafirs bespotten, terwijl ze op bruidsbanken zitten en toekijken. Moeten de kafirs niet worden terugbetaald voor wat ze hebben gedaan?*

Een kafir kan worden onthoofd:

> **Koran 47:4** *Wanneer je de kafirs tegenkomt op het slagveld, hak hun hoofden af totdat je ze volledig hebt verslagen, neem dan de gevangenen en bindt ze stevig vast.*

Tegen een kafir kan worden samengezweerd:

> **Koran 86:15** *Zij zweren samen en smeden een complot tegen jou [Mohammed], en ik zweer samen en smeed een*

complot tegen hen. Behandel de kafirs daarom kalm en laat ze een tijdje met rust.

Een kafir kan worden geterroriseerd:

> **Koran 8:12** *Toen sprak jouw Heer met Zijn engelen en zei: "Ik zal met jullie zijn. Geef kracht aan de gelovigen. Ik zal verschrikking sturen in de harten van de kafirs, hun hoofden afsnijden en zelfs de toppen van hun vingers!"*

Een moslim is niet bevriend met een kafir:

> **Koran 3:28** *Gelovigen moeten niet kafirs als vrienden nemen boven andere gelovigen. Zij die dit doen zullen geen enkele bescherming van Allah ontvangen en alleen zichzelf als hoeder hebben. Allah waarschuwt je om Hem te vrezen want iedereen zal tot Hem terugkeren.*

Een kafir is kwaadaardig:

> **Koran 23:97** *En zeg: O mijn Heer! Ik zoek toevlucht tot U, weg van de suggesties van de kwaadaardigen [kafirs]. En ik zoek toevlucht tot U, mijn Heer, weg van hun aanwezigheid.*

Een kafir wordt te schande gemaakt:

> **Koran 37:18** *Zeg hen: "Ja! En jullie [kafirs] zullen te schande worden gemaakt."*

Een kafir is vervloekt:

> **Koran 33:60** *Zij [kafirs] zullen vervloekt zijn, en waar ze ook gevonden worden, zullen ze gegrepen en vermoord worden. Allah deed hetzelfde met diegenen die hen voorgingen, en je zult geen verandering in Allah's manieren vinden.*

KAFIRS EN DE MENSEN VAN HET BOEK

Moslims vertellen christenen en joden dat ze speciaal zijn. Ze zijn de "Mensen van het Boek" en broeders in het Abrahamitische geloof. Maar in de islam ben je een christen als en alleen als je gelooft dat Christus een man was die een profeet van Allah was; dat er geen drieëenheid is; dat Jezus niet gekruisigd is, noch opgestaan uit de dood; en dat Hij zal terugkeren om de Sharia-wetgeving te vestigen. Om een ware jood te zijn moet je geloven dat Mohammed de laatste is in de lijn van joodse profeten.

Dit vers is positief:

> **Koran 5:77** *Zeg: Oh, Mensen van het Boek, zet geen stap buiten de grenzen van waarheid in je geloof, en volg niet de verlangens van diegenen die de fout in zijn gegaan en velen op een dwaalspoor hebben geleid. Zij zelf zijn afgedwaald van de rechte weg.*

De islamitische doctrine is dualistisch, dus er is ook een tegenovergestelde zienswijze. Hier is het laatste vers dat geschreven is over de Mensen van het Boek (een later vers heft een eerder vers op of vervangt het; zie Hoofdstuk 7). Dit is de definitieve uitspraak. Het roept moslims op om oorlog te voeren met de Mensen van het Boek die niet geloven in de ware religie, islam.

> **Koran 9:29** *Voer oorlog tegen hen die de Geschriften hebben ontvangen [joden en christenen] maar niet geloven in Allah of in de Laatste Dag. Ze verbieden niet wat Allah en Zijn Boodschapper hebben verboden. De christenen en de joden volgen niet de religie van de waarheid, totdat ze zich onderwerpen, hoofdelijke belasting betalen [jizya] en vernederd zijn.*

De zin "Ze verbieden niet..." betekent dat ze de Sharia-wetgeving niet accepteren; "totdat ze zich onderwerpen" betekent onderwerpen aan de

Sharia-wetgeving. Christenen en joden die Mohammed niet accepteren als de laatste profeet zijn kafirs.

Moslims bidden vijf keer per dag en het openingsgebed bevat altijd het volgende:

> **Koran 1:7** *Niet het pad van hen die U kwaad maken [de joden] noch het pad van hen die afdwalen [de christenen].*

De trilogie besteedt veel tijd aan de joden. In Mekka worden ze over het algemeen in positieve zin genoemd, maar in Medina waren joden de vijand van islam omdat ze ontkenden dat Mohammed de laatste profeet was. Hieronder zijn de gegevens van de trilogieteksten en de joden weergegeven. Merk op dat de trilogie meer jodenhaat bevat dan *Mein Kampf*.

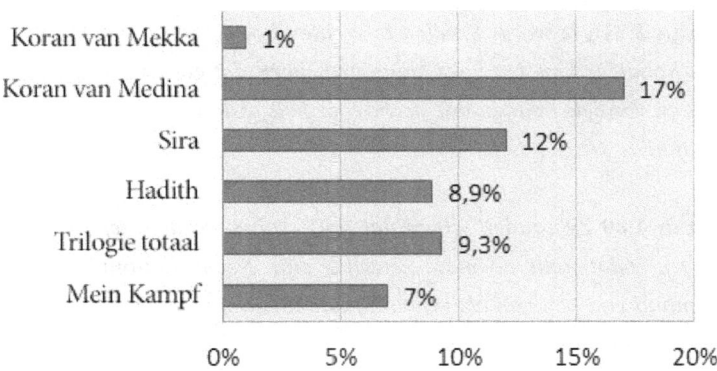

TAAL

Aangezien het oorspronkelijke Arabische woord voor ongelovingen "kafir" was en dit ook het woord is dat de Koran en Sharia-wetgeving gebruiken, wordt het ook hier gebruikt omwille van de nauwkeurigheid en precisie. Het is heel simpel: als je niet gelooft in Mohammed en zijn Koran dan ben je een kafir.

JIHAD

HOOFDSTUK 6

Jihad is onderdeel van de Sharia-wetgeving.

Uit de Sharia:

O9.0 JIHAD

Jihad betekent oorlog tegen de kafirs om de islamitische Sharia-wetgeving te vestigen.

> **Koran 2:216** *Je wordt bevolen te vechten hoewel je er niet van houdt. Je kan een hekel aan iets hebben dat goed voor je is en van iets houden dat slecht voor je is. Allah weet het en jij niet.*

> **Koran 4:89** *Ze zouden willen dat jullie kafirs worden net als zij, zodat jullie allemaal hetzelfde zijn. Neem daarom niemand van hen aan als vriend totdat ze hun huizen hebben verlaten om te vechten voor de zaak van Allah [jihad]. Maar als ze terugkeren, vindt ze en doodt ze waar ze ook zijn.*

De hele wereld moet zich onderwerpen aan de islam; kafirs zijn de vijand, simpelweg omdat ze geen moslim zijn. Geweld en terreur worden heilig gemaakt door de Koran. Er komt alleen vrede na onderwerping aan de islam.

Politieke islam, jihad, is universeel en eeuwig.

[**Moslim 001,0031**] *Mohammed: "Ik heb de opdracht gekregen om oorlog te voeren tegen de mensheid totdat ze accepteren dat er geen god is behalve Allah, geloven dat ik Zijn profeet ben en alle openbaringen accepteren die door mij zijn uitgesproken. Wanneer ze deze dingen doen, zal ik hun levens en bezittingen beschermen tenzij anderszins gerechtvaardigd in de Sharia: dan ligt hun lot in de handen van Allah."*

[**Bukhari 4,52,142**] *Mohammed: "Om in jihad te vechten tegen de kafirs, voor zelfs één dag, is grootser dan de hele aarde met alles erop en eraan. Een plek in het Paradijs kleiner dan uw rijzweep is grootser dan de hele aarde met alles erop en eraan. Een dag of een nacht reizen in jihad is grootser dan de hele wereld met alles erop en eraan."*

O9.1 HET VERPLICHTENDE KARAKTER VAN JIHAD

Jihad is een gemeenschappelijke plicht. Wanneer voldoende mensen het uitvoeren is het niet langer verplicht voor anderen.

Koran 4:95 *Gelovigen die thuis blijven in veiligheid, anders dan zij die gehandicapt zijn, zijn niet gelijk aan diegenen die met hun rijkdom en hun leven vechten voor Allah's zaak [jihad].*

[**Bukhari 4,52,96**] *Mohammed: "Ieder die een jihadist bewapent wordt beloond zoals een strijder wordt beloond; ieder die de juiste zorg verleent aan de nabestaanden van een heilige krijger wordt beloond zoals een strijder wordt beloond."*

WIE IS VERPLICHT TE VECHTEN IN JIHAD

o9.4 Alle geestelijk en lichamelijk gezonde mannen die de puberteit hebben bereikt.

DOELSTELLINGEN VAN DE JIHAD

o9.8 De kalief (opperste heerser die zowel koning is als soortgelijk aan de paus) voert oorlog met de joden en christenen. Nodig ze eerst uit tot de islam en nodig ze vervolgens uit om de jizya te betalen (belasting op kafirs). Als ze bekering en de jizya weigeren, val ze dan aan.

> **Koran 9:29** *Voer oorlog tegen hen die de geschriften hebben ontvangen [joden en christenen] maar niet geloven in Allah of in de Laatste Dag. Ze verbieden niet wat Allah en Zijn Boodschapper hebben verboden. De christenen en joden volgen niet het geloof van waarheid totdat ze zich onderwerpen, hoofdelijke belasting betalen [jizya] en vernederd zijn.*

o9.9 De kalief bestrijdt alle andere volken [kafirs] totdat ze moslims zijn geworden.

DE OORLOGSBUIT

o10.2 Ieder die een kafir doodt of uitschakelt, kan nemen wat hij wil.

> **[Bukhari 4,53,351]** *Mohammed: "Allah heeft het voor mij legaal gemaakt om oorlogsbuit te nemen."*

> **Koran 8:41** *Weet dat één vijfde deel van je gehele oorlogsbuit [voor een leider traditioneel één vierde deel] toebehoort aan Allah, aan Zijn Boodschapper, aan de familie van de boodschapper, aan de weeskinderen en hulpbehoevende reizigers.*

Aangezien moslims jihad kunnen voeren tegen elke kafir, is diefstal van een kafir, met de juiste motivatie, jihad.

STERVEN IN JIHAD – MARTELAARSCHAP

Een moslimmartelaar is iemand die gedood wordt voor Allah en de islam. Maar zijn dood moet wel zuiver zijn en alleen zijn gewijd aan Allah. Als zijn motivatie zuiver is dan zal de jihadist het paradijs bereiken of in staat zijn de rijkdom van de kafir af te nemen.

> **[Bukhari 1,2,35]** *Mohammed zei: "De man die zich aansluit bij de jihad, gedwongen door niets dan oprecht geloof in Allah en Zijn Profeten, en overleeft, zal door Allah worden beloond in het hiernamaals of met de oorlogsbuit. Als hij wordt gedood in de strijd en sterft als martelaar, dan zal hij worden toegelaten tot het Paradijs. ..."*

> **Koran 61:10** *Gelovigen! Zal ik jullie een winstgevende ruil voorstellen die jullie ernstige kwelling zal besparen? Geloof in Allah en Zijn boodschapper en strijdt dapper voor Allah's zaak [jihad] met zowel jullie rijkdom als jullie leven. Het zou beter zijn voor je, als je het maar wist!*

DE EFFECTIVITEIT VAN JIHAD

In Mekka was Mohammed een religieus prediker die ieder jaar ongeveer tien mensen bekeerde tot de islam. In Medina was Mohammed een krijgsman en politicus die ieder jaar ongeveer 10.000 mensen bekeerde tot de islam. Om de Arabieren te bekeren tot de islam waren politiek en jihad duizend keer effectiever dan religie. Als Mohammed niet was overgegaan tot politiek en jihad, waren er maar een paar honderd moslims geweest toen hij stierf en zou de islam zijn mislukt. De religie islam was een mislukking, maar politiek in combinatie met religie was een groot succes.

De grafiek toont duidelijk de groei van de islam in de loop van de twee fasen.

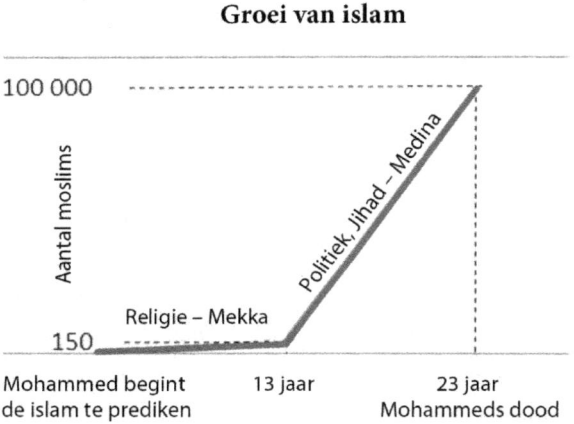

Groei van islam

DE STATISTIEKEN VAN DE JIHAD

Jihad neem een groot gedeelte van de trilogie in beslag. Jihad-verzen beslaan 24% van de latere politieke Koran en gemiddeld 9% van de gehele Koran. Jihad neemt 21% van de Bukhari Hadith in beslag en de Sira wijdt 67% van zijn tekst aan jihad. Merk op hoe het dualisme van de Koran wordt aangetoond door wat in de Mekka- en Medina-tekst over jihad gezegd wordt. De Koran van Mekka bevat geen jihad, en het is de Mekka-Koran waaraan wordt gerefereerd door moslims en hun apologeten.

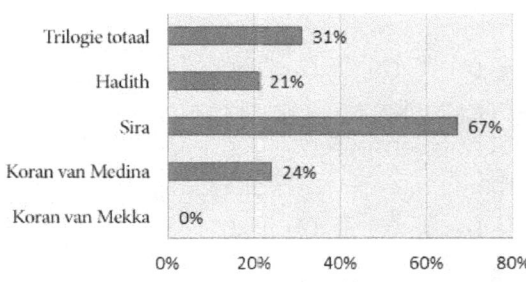

Hoeveelheid tekst gewijd aan jihad

DE TRANEN VAN JIHAD

Hier zijn de dodelijke slachtoffers dankzij jihad in de laatste 1400 jaar[3]:

Christenen..................................60 miljoen
Hindoes......................................80 miljoen
Boeddhisten..............................10 miljoen
Afrikanen.................................120 miljoen
Totaal.....................................270 miljoen

Deze dodelijke slachtoffers worden de *Tranen van Jihad* genoemd.

---

3   *The Submission of Women and Slaves*, CSPI Publishing, pg. 181

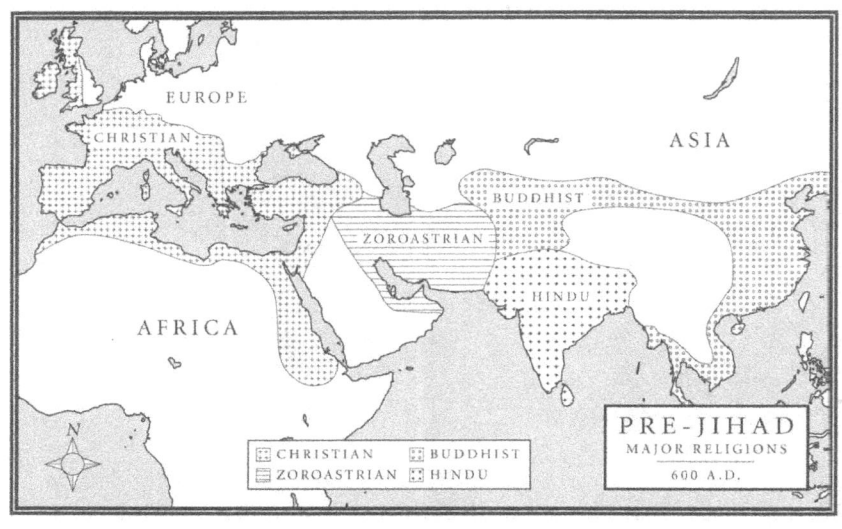

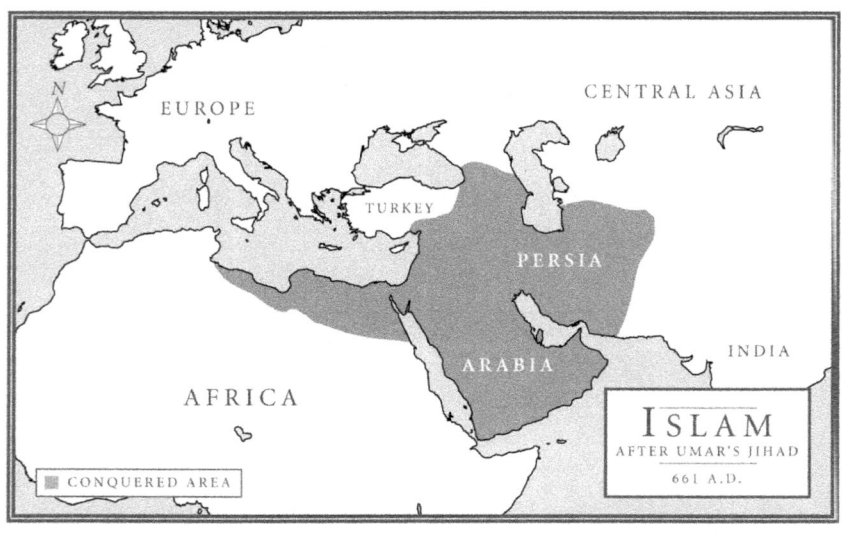

ONDERWERPING EN DUALISME

Hoofdstuk 7

ONDERWERPING

Aangezien de Sharia gebaseerd is op de Koran en de Soenna van Mohammed, is het onvermijdelijk dat de Sharia dezelfde basisprincipes bevat. Het eerste principe van de islam is dat de hele wereld zich aan Allah moet onderwerpen en de Soenna van Mohammed moet volgen. Dit impliceert dat moslims zich moeten onderwerpen aan de Sharia. Overal waar de kafir in de Sharia genoemd wordt, is de kafir ondergeschikt. Er is geen gelijkheid tussen een moslim en een kafir; politiek gezien is de kafir minderwaardig.

De Sharia eist dat onze instituties zich aan de islam onderwerpen. Onze scholen moeten zich onderwerpen in de manier waarop zij onderwijzen over de islam. Onze media moeten een positief beeld van de islam geven. Elk facet van onze samenleving moet zich onderwerpen. Wat dit dagelijks betekent is dat wanneer de islam iets eist zoals bijvoorbeeld schoolgebed, wij moeten doen wat ze vragen.

Jihad eist volledige onderwerping en als de kafir zich niet vrijwillig onderwerpt, mag er geweld worden gebruikt. De dhimmi moet zich op formele wijze aan de politieke islam onderwerpen.

DUALISME

De kafir en de jihad maken deel uit van Sharia. De Sharia heeft twee stelsels van wetten – één voor moslims en één voor kafirs. Kafirs worden niet als gelijken maar als ondergeschikten behandeld. Dit is wettelijk dualisme.

De islam houdt er twee visies op na over bijna ieder onderwerp dat kafirs betreft. Hier een voorbeeld van tolerantie in de Koran:

> **Koran 73:10** *Luister met geduld naar wat ze [kafirs] zeggen en verlaat ze met waardigheid.*

Van tolerantie gaan we naar intolerantie:

> **Koran 8:12** *Daarop sprak jouw Heer tot Zijn engelen en zei: "Ik zal met jullie zijn. Geef kracht aan de gelovigen. Ik zal verschrikking sturen in de harten van de kafirs, hun hoofden afsnijden en zelfs de toppen van hun vingers."*

De Koran staat zo vol met dit soort tegenspraken, dat het tevens een methode biedt om dit probleem op te lossen, genaamd abrogatie.

Abrogatie wil zeggen dat een later vers sterker is dan een eerder vers. Beide verzen zijn echter nog steeds waar omdat de Koran het exacte woord van Allah is. Van de twee bovenstaande verzen is het eerste ouder dan het tweede en daarom zwakker. Het is altijd op die manier. Het eerdere, zwakkere "goede" vers wordt geabrogeerd door het latere, sterkere "slechte" vers.

De "waarheid" van de eerdere Mekka-verzen blijkt uit het feit dat moslims en hun apologeten de Mekka-Koran citeren. Het mag dan geabrogeerd zijn, het wordt nog steeds gebruikt als de heilige waarheid van de Koran.

In de praktijk betekent dit dat de eerdere verzen gebruikt worden zolang de islam zwak is en de latere verzen wanneer de islam sterk is. Dit loopt parallel aan het leven van Mohammed.

Mohammed's carrière kende twee duidelijk te onderscheiden fasen: een vroege- en een late fase. In Mekka was Mohammed een religieus prediker.

Later in Medina werd hij een zeer machtig politicus en krijgsman. De vroege Mekka-Koran geeft het advies van Allah wanneer islam zwak is en de latere Medina-Koran beschrijft wat te doen wanneer islam sterk is. Hoe meer macht Mohammed verwierf, des te harder hij strijd voerde tegen de kafirs. De Koran geeft het juiste advies aan iedere moslim voor elke fase.

In feite zijn er twee Mohammeds en twee Korans die elkaar tegenspreken. De vroege, religieuze en vreedzame Koran van Mekka wordt tegengesproken door de latere, politieke en jihadistische Koran van Medina, maar is nog steeds waar en kan worden gebruikt. Het zijn deze vroege verzen die we horen van mensen die de islam steunen.

Aangezien de daden van Mohammed het volmaakte gedragspatroon zijn, vormen ze de dualistische ethiek van de islam. Het dualisme geeft de islam een ongelooflijke flexibiliteit en aanpassingsvermogen.

DUALISTISCHE ETHIEK

De islam kent geen Gulden Regel. Alleen al het bestaan van het woord "kafir" in een heilige tekst houdt in dat er geen Gulden Regel is, omdat niemand behandeld wil worden zoals Mohammed kafirs behandelde. Kafirs werden vermoord, gemarteld, tot slaaf gemaakt, verkracht, beroofd, misleid, bespot en belachelijk gemaakt.

> **[Bukhari 9,85,83]** *Mohammed: "Een moslim is een broeder voor andere moslims. Hij mag ze nooit onderdrukken of meewerken aan hun onderdrukking. Allah zal voorzien in de behoeften van hen die voorzien in de behoeften van hun broeders."*

De islam kent niet één universele ethiek voor de mensheid, maar een dualistische ethiek. Er zijn twee stelsels van regels: een moslim is een broeder voor een andere moslim. Een moslim mag een kafir behandelen als een broeder of als een vijand.

Bovendien is binnen de islam een onwaarheid niet altijd een leugen.

> **[Bukhari 3,49,857]** *Mohammed: "Een man die mensen vrede brengt door goede woorden te verzinnen of door aardige dingen te zeggen, ook al zijn ze niet waar, liegt niet."*

Een eed van een moslim is flexibel.

> **[Bukhari 8,78,618]** *Abu Bakr hield zich trouw aan zijn eden totdat Allah aan Mohammed onthulde wat de compensatie was voor het breken ervan. Daarna zei hij: "Als ik een eed afleg en later een waardiger eed ontdek, dan kies ik de betere daad en zal ik mijn eerdere belofte compenseren."*

Mohammed zei herhaaldelijk tegen moslims dat ze kafirs moesten bedriegen als dat bevorderlijk zou zijn voor de islam.

> **[Bukhari 5,59,369]** *Mohammed vroeg: "Wie zal Ka'b doden, de vijand van Allah en Mohammed?"*
> *Bin Maslama stond op en antwoordde: "Oh, Mohammed! Zou het je behagen als ik hem doodde?"*
> *Mohammed antwoordde: "Ja."*
> *Daarop zei Bin Maslama: "Geef me toestemming om hem te misleiden, zodat mijn complot zal slagen.*
> *Mohammed antwoordde: "Je mag hem bedriegen."*

> **[Bukhari 4,52,268]** *Mohammed zei: "Jihad is misleiding."*

De islam heeft een woord voor misleiding dat zijn doelen vooruit brengt: *taqiyya*. Taqiyya is heilige misleiding. Maar een moslim mag nooit liegen tegen een andere moslim. Liegen mag nooit, tenzij er geen andere manier is om de taak te volbrengen. Al Tabarani zei in ***Al Awsat***: "Leugens zijn zonden, behalve wanneer ze worden verteld voor het welzijn van een moslim of om hem voor een ramp te behoeden."[4]

VRIENDEN

Tot de islamitische ethiek behoort ook de doctrine van vriendschap. In de Koran staan twaalf verzen waarin staat dat een moslim niet de vriend is van een kafir. Hier zijn twee voorbeelden:

> **Koran 4:144** *Gelovigen! Neem geen kafirs tot vrienden boven geloofsgenoten. Wil je Allah een duidelijke reden geven om je te straffen?*

> **Koran 3:28** *Gelovigen moeten niet kafirs als vrienden nemen boven andere gelovigen. Zij die dit doen zullen geen enkele bescherming van Allah krijgen en alleen zichzelf als hoeder hebben. Allah waarschuwt je om Hem te vrezen want iedereen zal tot Hem terugkeren.*

SLAVERNIJ

Dualisme schrijft voor dat een kafir tot slaaf mag worden gemaakt, maar dat een moslim tot slaaf maken verboden is. Als een slaaf zich tot de islam bekeert, is er baat bij om hem vrij te laten, maar een kafir-slaaf vrijlaten heeft geen baat.

> **[Bukhari 3,46,693]** *Mohammed zei: "Als een man een moslimslaaf vrijlaat, zal Allah hem, op dezelfde manier als hij de slaaf heeft vrijgelaten, vrijwaren voor de vuren van de hel." Bin Marjana zei, nadat hij die openbaring had verteld aan Ali, dat de man een slaaf vrijliet waarvoor duizend dinar was geboden door Abdullah.*

---

4 Bat Ye'or, *The Dhimmi*, Cranbury, N.J.: Associated University Presses, 2003, p. 392.

AL WALAA WA AL BARAA – HEILIGE LIEFDE EN HEILIGE HAAT

De Sharia onderwijst het dualistische ethische principe "houden van hetgeen waar Allah van houdt en haten wat Allah haat" (zie Hoofdstuk 5). Dit omvat afkeer van politieke systemen van kafirs zoals hun grondwet en houden van Sharia-wetgeving. Dit principe zit achter de islamitische eisen om de Sharia in de wereld in te voeren. Ongeacht wat de kafir-manier ook is, het dient niet nagevolgd te worden omdat Allah alle uitingsvormen van kafirs haat.

DE DHIMMI

HOOFDSTUK 8

Islamitische geleerden beweren: de islam is een broedergeloof van het christendom en het jodendom; christenen en joden die dhimmi's worden, worden onder islamitisch bewind verzorgd en beschermd.

Toen Mohammed naar Medina verhuisde was de helft van de bevolking joods en hij vernietigde ze. Daarna richtte hij zijn aandacht op de rijke joden van Khaybar. Hij viel ze zonder provocatie aan en verpletterde ze. Ze verloren al hun rijkdommen en kregen als dhimmi's een derderangs politieke status. De joden werden onderworpen aan de Sharia, verloren al hun politieke invloed maar mochten wel joden blijven. Als dhimmi's moesten ze een jaarlijkse belasting betalen, genaamd de *jizya* die de helft van hun inkomen bedroeg.

Uit de Sharia:

O11.0 KAFIR-ONDERDANEN IN DE ISLAMITISCHE STAAT

o11.1 Er wordt een formeel contract (dhimma) gesloten met christenen en joden, maar niet met mormonen[5]. Zij zijn dan dhimmi's geworden.

o11.3 De dhimmi's moeten zich aan de regels van de islam houden.
- De jizya betalen, de hoofdelijke dhimmi-belasting.
- Wanneer de dhimmi's deze dingen doen, worden ze beschermd door de staat. Ze mogen hun religie uitoefenen en hun eigen rechtbanken en wetten houden.

---

5 *Traveller* is geschreven in de 14de eeuw; mormonen zijn een latere interpolatie.

Hier volgen de volledige dhimmi-regels van de Sharia, ontleend aan een verdrag dat met christenen is gesloten in 637 na Christus. Voor joden en anderen gelden vergelijkbare regels.

HET VERDRAG VAN UMAR

Wij zullen in onze steden of buurten geen nieuwe kloosters, kerken of monnikencellen bouwen, noch zullen we, overdag of 's nachts, ze repareren als ze instorten of als ze in moslimwijken staan.

We houden onze poorten wijd open voor voorbijgangers en reizigers. We zullen alle moslims die langskomen drie dagen onderdak en verblijf geven.

We zullen in onze kerken of huizen geen onderdak bieden aan spionnen, noch hen verbergen voor de moslims.

We zullen onze religie niet in het openbaar manifesteren, noch iemand ertoe bekeren.

We zullen niemand uit onze familie beletten om de islam te betreden als ze dat willen.

We zullen respect tonen jegens moslims en van onze stoel opstaan wanneer zij wensen te zitten.

We zullen niet proberen om op moslims te lijken door hun kledingstukken te imiteren.

We zullen niet het zadel beklimmen, noch zullen we zwaarden om het middel binden of enig ander wapentuig dragen of op onze personen dragen.

We zullen geen Arabische tekens op onze emblemen graveren.

We zullen geen gefermenteerde dranken (alcohol) verkopen.

We zullen het haar op ons voorhoofd afknippen (behalve een kleine voorlok als teken van vernedering).

We zullen ons altijd op dezelfde manier kleden, ongeacht waar we zijn, en de zunar om ons middel binden. (Christenen en joder moesten speciale kleding dragen.)

We zullen onze kruizen en boeken niet vertonen op de straten en markten van de moslims.

We zullen de klepels in onze kerken slechts heel zacht laten klinken.

We zullen onze stem niet verheffen als we achter onze doden lopen.

We zullen geer slaven nemen die al aan moslims toegewezen zijn.

We zullen geen huizen bouwen die hoger zijn dan de huizen van de moslims.

Wie met opzet een moslim slaat, zal de bescherming van dit verdrag verliezen.

(Uit Al-Turtushi, **Siraj Al-Muluk**, p. 229-30)

Bovendien kon een dhimmi geen getuige zijn in een Sharia-rechtbank en had daarom geen wettelijk verhaal bij onenigheid met een moslim. Een dhimmi mocht geen kritiek hebben op Mohammed en niet met een moslim over het christelijk geloof praten.

De Sharia en de dhimmi verklaren hoe de christelijke volkeren uit Turkije, Egypte, Noord-Afrika, Libanon, Syrië, Irak en Ethiopië islamitisch werden. De jihad bracht de moslims politiek aan de macht en vestigde de Sharia-wetgeving. Vervolgens werden alle christenen dhimmi's. Eeuwen van jizya-belasting en een derderangs status maakten dat ze zich bekeerden. Het waren de Sharia-wetgeving en de dhimmi-status die het christendom in islamitische landen vernietigden. De westerse beschaving kan niet overleven onder de Sharia-wetgeving.

SLAVERNIJ

Hoofdstuk 9

Sharia: De huidige versie van de handleiding voor de Sharia, *The Reliance of the Traveller*, bevat een overblijfsel van de uitgebreide islamitische doctrine over slavernij. Sectie k 32.0, Vrijlating, van de Sharia is onvertaald gebleven. In plaats daarvan is er een redactionele verontschuldiging omtrent slavernij als iets dat de islam zo snel mogelijk zou willen afschaffen. Dit is zuivere *taqiyya*, heilige misleiding. Van alle ideologieën heeft de islam de meeste slaven gemaakt. De islam werd gebouwd op slavernij.

MOHAMMED EN SLAVERNIJ

De term *slaaf* is in de islam een positief woord. Mohammed noemde zichzelf en de moslims de slaven van Allah. Zijn tweede bekeerling was een slaaf.

Mohammed was zelf betrokken bij alle aspecten van slavernij. Hij liet ongelovige mannen vermoorden zodat hun vrouwen en kinderen tot slaaf gemaakt konden worden[6]. Hij gaf slaven weg als cadeau's[7]. Hij bezat veel slaven waarvan sommigen zwart waren[8]. Hij liet slaven rondgaan onder zijn metgezellen, mannen die zijn hoofdofficieren waren, om seks mee te hebben[9]. Hij stond erbij wanneer anderen slaven sloegen[10]. Hij deelde in het genoegen van gedwongen

---

6   A. Guillaume, *The Life of Muhammad* (Londen: Oxford University Press, 1982), 466.
7   Ibid., p. 499.
8   Ibid., p. 516.
9   Ibid., p. 593.
10 Ibid., p. 295.

seks met slavinnen na veroveringen[11]. Hij nam slaven gevangen en verkocht ze in grote getale om geld in te zamelen voor de jihad[12]. Een van zijn favoriete sekspartners was een slavin die hem een zoon baarde[13]. Hij kreeg slaven cadeau van andere heersers[14]. Zelfs de kansel waaruit hij predikte was gemaakt door een slaaf[15]. Hij at voedsel dat door slaven bereid was[16]. Hij kreeg medische behandeling van een slaaf[17]. Zijn kleermaker was een slaaf[18]. Hij verklaarde dat de gebeden van een slaaf die bij zijn meester wegrende niet verhoord zouden worden[19]. Hij keurde het goed als een eigenaar seks had met zijn slaven[20].

ISLAM EN SLAVERNIJ

De islam maakte slaven onder Afrikanen, Europeanen (meer dan een miljoen), hindoes, boeddhisten en anderen die in het pad van de jihad waren gekomen. De islam heeft meer slaven gemaakt dan enig andere cultuur. Moslims erkennen niet een geschiedenis te hebben van het maken van slaven onder alle rassen en godsdiensten en verontschuldigen zich daar niet voor. Een minder bekend feit is dat in Mekka de hoogst geprijsde slaaf altijd een blanke vrouw was. De Soenna zegt dat Mohammed's favoriete seksslavin een blanke, christelijke vrouw was.

De islam doet nog steeds aan slavernij in Afrika. Het komt voor in Saoedi-Arabië, Mauritanië, Soedan en andere islamitische regio's waar kafirs in de buurt zijn.

Historisch gesproken waren het de politieke acties van de christenen die slavernij beëindigden[21].

---

11 Ibid., p. 496.
12 Ibid., p. 466.
13 William Muir, *The Life of Mohammed* (AMS Press, 1975), 425.
14 Ibid., p. 425.
15 Bukhari, Hadith, Deel 1, Boek 8, Nummer 440.
16 Ibid., Deel 3, Boek 34, Nummer 295.
17 Ibid., Deel 3, Boek 36, Nummer 481.
18 Ibid., Deel 7, Boek 65, Nummer 344.
19 *Muslim*, Hadith, Boek 001, Nummer 0131.
20 Ibid., Boek 008, Nummer 3383.
21 Bernard Lewis, *Race and Slavery in the Middle East*; Oxford University Press, 1990; p. 79.

VRIJHEID VAN IDEEËN

Hoofdstuk 10

Bewering: De islam is een religie van tolerantie.
De Sharia: Afvalligheid betekent de islam verlaten; voor een moslim is het verlaten van de islam een halsmisdaad waar de doodstraf op staat.

O8.0 AFVALLIGHEID VAN DE ISLAM

o8.1 Wanneer iemand die de puberteit heeft bereikt en gezond is van geest zich vrijwillig afkeert van de islam, verdient hij het gedood te worden.

In de islam wordt de optie om een afvallige, iemand die de islam verlaat, te doden nauwkeurig omschreven in de Hadith en in de vroege geschiedenis van de islam na Mohammed's dood.

Toen Mohammed stierf wilden hele volksstammen de islam verlaten. De eerste oorlogen die de islam vocht waren tegen deze afvalligen en duizenden werden vermoord.

> **[Bukhari 2,23,483]** *Na de dood van Mohammed werd Abu Bakr de kalief en hij verklaarde een groep Arabieren die terugkeerde naar het heidendom de oorlog.*

> **[Bukhari 9,83,17]** *Mohammed: "Een moslim die toegegeven heeft dat er geen andere god is dan Allah en dat ik Zijn profeet ben, mag niet gedood worden, met uitzondering van drie redenen: als straf voor moord, voor overspel of voor afvalligheid."*

Geen straf is te groot voor de afvallige.

> **[Bukhari 8,82,797]** *Sommige mensen kwamen naar Medina en werden moslims. Ze werden ziek, dus stuurde Mohammed ze naar de plek waar de kamelen beschutting vonden en zei dat ze kamelenurine en -melk moesten drinken als remedie. Ze volgden zijn advies op, maar toen ze beter waren, doodden ze de kamelenherder en stalen de kudde.*
> *De volgende ochtend hoorde Mohammed wat de mannen hadden gedaan en gaf het bevel om ze gevangen te nemen. Voor het middaguur werden de mannen gepakt en voor Mohammed geleid. Hij gaf het bevel hun handen en voeten af te hakken en hun ogen met hete poken uit te steken. Daarna werden ze op puntige rotsen gegooid; hun smeekbedes om water werden genegeerd en ze stierven van de dorst.*
> *Abu zei: "Het waren dieven en moordenaars die de islam hadden verlaten en naar het heidendom waren teruggekeerd, daarmee vielen ze Allah en Mohammed aan."*

Doodt de afvallige.

> **[Bukhari 9,98,271]** *Een zekere jood aanvaardde de islam maar bekeerde zich daarna weer tot zijn oorspronkelijke geloof. Muadh zag de man bij Abu Musa en zei: "Wat heeft deze man gedaan?"*
> *Abu Musa antwoordde: "Hij aanvaardde de islam, maar keerde toen terug naar het jodendom."*
> *Daarop zei Muadh: "Het oordeel van Allah en Mohammed luidt dat hij ter dood gebracht moet worden en ik zal niet gaan zitten tot jullie hem doden."*

Het idee van vrijheid van religie en denken is onmogelijk binnen de islam. Onderwerping is de hoofdgedachte en de ideale burger is een slaaf van Allah. Iedere gedachte moet onderworpen zijn aan de Koran en de Soenna – de Sharia-wetgeving.

KUNST

Er is geen grens aan de omvang en gedetailleerdheid van de Sharia-wetgeving. Alle openbare uitingen van ideeën en kunst zijn onderworpen aan Sharia's verboden.

R40.0 MUZIEK, ZANG EN DANS – MUZIEKINSTRUMENTEN
r40.1 Muziekinstrumenten zijn uit den boze.
- Fluiten, snaarinstrumenten en dergelijke zijn veroordeeld.
- Mensen die naar zangers/zangeressen luisteren zullen op de Dag des Oordeels de oren gevuld worden met lood.
- Liederen veroorzaken huichelarij.

r40.2 Het is onwettig om muziekinstrumenten te bespelen of te luisteren naar de mandoline, luit, bekkens en fluit. Het is toegestaan de tamboerijn te bespelen bij bruiloften, besnijdenissen en op andere momenten, zelfs als die belletjes aan de zijkant heeft. Op een trom slaan is onwettig.

W50.0 VERBOD OP HET AFBEELDEN VAN DIEREN
w50.1 Men moet zich realiseren dat het verbod op het maken van afbeeldingen uitzonderlijk streng is.

> **[Bukhari 7,72,843]** *Op een dag was Mohammed terneergeslagen omdat het beloofde bezoek van Gabriel was uitgesteld. Toen Gabriel eindelijk kwam, klaagde Mohammed over het uitstel. Gabriel zei tegen hem: "Engelen betreden geen huis waar een hond of een afbeelding is."*

DE SCHEPPINGSDAAD VAN ALLAH IMITEREN
w50.2 Afbeeldingen bootsen de scheppingsdaad van Allah na.

> **[Bukhari 4,54,447]** *Ooit maakte ik [Aisha] een gevuld kussen voor Mohammed en ik versierde het met afbeeldingen van dieren. Op een dag kwam hij binnen met een paar mensen en ik zag een blik van opwinding op zijn gezicht. Ik vroeg: "Wat is er mis?" Hij antwoordde: "Wat doet dat kussen daar?" Ik antwoordde: "Dat heb ik voor je gemaakt, zodat je erop kunt liggen." Hij zei: "Besef je niet dat engelen een huis niet zullen betreden waar afbeeldingen zijn en dat degene die dergelijke afbeeldingen maakt op de Dag des Oordeels wordt gestraft totdat hij tot leven brengt wat hij gemaakt heeft?"*

P44.0 HET MAKEN VAN AFBEELDINGEN
p44.1 Zij die afbeeldingen maken, zullen branden in de hel.

> **[Bukhari 8,73,130]** *Er was eens een gordijn met afbeeldingen van dieren erop in mijn [Aisha's] huis. Toen Mohammed het zag, liep zijn gezicht rood aan van woede. Hij scheurde het aan stukken en zei: "Mensen die dergelijke afbeeldingen schilderen zullen op de Dag des Oordeels de verschrikkelijkste straf van de hel krijgen."*

LITERATUUR

Alle literatuur moet onderworpen zijn aan de eisen van de Sharia. Zij die de islam beledigen mogen vermoord worden, aangezien Mohammed verscheidene kunstenaars heeft laten vermoorden. Salman Rushdie leeft onder doodsbedreiging vanwege het schrijven van een roman, *The Satanic Verses*. Over de hele wereld waren er rellen en moordpartijen toen de Deense Mohammed-cartoons werden gepubliceerd. Theo van Gogh en Pim Fortuyn, een filmmaker en politicus, zijn in Nederland vermoord voor "godslastering" tegen de islam.

Mohammed doodde herhaaldelijk kunstenaars en intellectuelen, zoals de dichter Kab, die een gedicht schreef waarin hij de islam bekritseerde. Let op het gebruik van misleiding.

> **[Bukhari 5,59,369]** *Allah's Apostel zei: "Wie is bereid om Kab te doden die Allah en Zijn Apostel heeft geschaad?"*
> *Maslama stond op en zei: "Oh, Allah's Apostel! Wil je dat ik hem dood?"*
> *De Profeet zei: "Ja."*
> *Maslama zei: "Sta me dan toe een onwaarheid te zeggen om Kab te misleiden."*
> *De Profeet zei: "Dat mag je doen."*
> *Daarna wendde Maslama zich tot Kab en zei: "Mohammed eist geld van ons en ik moet geld lenen."*
> *Daarop zei Kab: "Bij Allah, je zult hem beu worden."*
> *Maslama zei: "Nu we hem eenmaal gevolgd hebben, willen we hem niet verlaten. We willen nu dat je ons een kameellading voedsel leent."*
> *Kab zei: "Goed, ik zal je het voedsel lenen, maar je moet me iets als onderpand geven."*
> *Ze gaven hem hun wapens als onderpand en beloofden die nacht terug te keren. Dus Maslama kwam terug met twee mannen en zei tegen hen: Als Kab komt, zal ik zijn haar aanraken en eraan ruiken, en als je ziet dat ik zijn hoofd vast heb, doodt hem."*
> *Kab kwam naar beneden en liep naar ze toe, gewikkeld in zijn kleren en ruikend naar parfum.*
> *Maslama zei: "Ik heb nog nooit een betere geur geroken dan deze. Sta je me toe aan je hoofd te ruiken?"*
> *Kab zei: "Ja."*

Toen Maslama hem stevig beet had, zei hij tegen zijn kameraad: "Grijp hem!"
Dus ze doodden hem, gingen naar de Profeet en stelden hem op de hoogte. Abu Rafi werd gedood na Kab Bin Al-Ashraf.

Ishaq 819 Mohammed had tegen zijn commandanten gezegd om alleen diegenen te doden die zich verzetten; verder moesten ze niemand lastigvallen behalve degenen die Mohammed hadden tegengesproken of bekritiseerd. Daarna gaf hij bevelen uit om diegenen in Mekka die zich tegen de islam hadden verzet op te sporen en te doden. De dodenlijst bestond uit:

- Één van Mohammed's secretarissen. Hij had gezegd dat Mohammed hem soms verbeteringen liet aanbrengen bij het opschrijven van Mohammed's Koran-openbaringen, en dit leidde ertoe dat de secretaris zijn geloof verloor.
- Twee meisjes die satires over Mohammed hadden gezongen.
- Een moslim-belastinginner die afvallig was geworden (de islam had verlaten).
- Een man die Mohammed had beledigd.
- Alle kunstenaars en politici die zich tegen hem hadden verzet.

ISLAMITISCH BANKIEREN

Hoofdstuk 11

Islamitische geleerden beweren: islamitisch bankieren is heilig bankieren; alle religieuze en ethische mensen zouden moeten investeren in de financiële instrumenten van de Sharia. Het geld zal niet geïnvesteerd worden in alcohol, tabak, gokken, varkensvlees, kunst of andere onzuivere zaken.

Er is tegenwoordig onder moslims een toenemende vraag naar een eigen financieel systeem en Sharia-conforme financiële producten. Islamitisch bankieren omzeilt het betalen van rente, wat in de islam verboden is. Gebleken is dat islamitisch bankieren in feite meer rekent voor geldgebruik; het heet alleen geen rente maar lease-kosten.

De Sharia: islamitisch bankieren moet een deel van de winst besteden aan de *zakat*; islamitische liefdadigheid. De *zakat* moet gebruikt worden voor het volgende:

> **Koran 9:60** *Liefdadigheid [de zakat] dient alleen gegeven te worden aan de armen en behoeftigen, aan hen die ervoor collecteren, aan degenen wiens harten zijn gewonnen voor de islam, voor losgelden, voor schuldenaars, voor hen die strijden voor Allah's zaak [jihad] en voor de reiziger. Dit is een wet van Allah, en Allah is wetend en wijs.*

De Sharia besteedt pagina's aan de zakat. Het moet besteedt worden aan:
- Arme en behoeftige moslims, maar niet aan kafirs.
- Zij die collecteren voor de zakat.
- Nieuwe bekeerlingen tot de islam (om hen te sterken in de islam).

- Losgeld voor gevangenen en slaven.
- Zij die strijden voor Allah's zaak, jihad.
- Reizigers.

ZIJ DIE STRIJDEN VOOR ALLAH

h8.17 De categorie *Strijden voor Allah's zaak* zijn mensen die deelnemen aan een islamitische oorlog maar geen deel uitmaken van een regulier leger en een salaris ontvangen. Deze jihadisten moeten betaald worden voor wapens, kleding, eten, reizen en alle andere onkosten. Ook hun familie moet worden betaald.

h8.24 Het is niet toegestaan om zakat te geven aan een kafir.

Als we deelnemen aan islamitisch bankieren, dan steunen we:
- Liefdadigheid die ***alleen*** moslims ten goede komt en niet kafirs.
- Het sterken van moslim-bekeerlingen in hun geloof.
- Moslim-bureaucraten.
- Al Qaida en andere jihadisten. Hieronder valt ook geld voor de families van zelfmoordterroristen en van andere jihadisten die zijn gedood.

Zakat-geld geven aan de jihad is niet slechts theoretisch. De praktische gevolgen van zakat hebben we gezien bij de Holy Land Foundation en andere islamitische liefdadigheid. In 2007 heeft de FBI in Dallas, Texas, met succes de Holy Land Foundation vervolgd wegens financiering van de jihad (terrorisme).

Als we aan islamitisch bankieren deelnemen, of een willekeurig onderdeel van de Sharia, zijn we ethisch medeverantwoordelijk voor:
- Mishandeling en onderdrukking van vrouwen.
- Het doden van afvalligen.
- Het vermoorden van kunstenaars en schrijvers.
- De ethische misdaad van slavernij zonder blijk te geven van berouw.
- Derderangs burgerschap in de politiek voor kafirs.

- De moord op 270 miljoen mensen in de *Tranen van Jihad*.

GEMAK EN NOODZAAK

De Sharia kent twee principes die "gemak" en "noodzaak" genoemd kunnen worden (zie Hoofdstuk 12). Fundamenteel betekenen gemak en noodzaak dat een moslim zaken kan doen op de kafir-wijze als hij te midden van kafirs leeft.

W43.0 OMGAAN MET RENTE IN VIJANDIGE LANDEN

w43.1 Moslims kunnen rente betalen als ze leven in de *dar al harb*, het land van oorlog (te midden van de kafirs), met andere woorden als de Sharia niet de wet van het land is.

Om die reden kunnen moslims in westerse landen rente betalen en ontvangen volgens de Sharia. Waarom willen moslims dan islamitisch bankieren? Simpel, vanwege het principe genaamd onderwerping. Kafirs moeten zich in alles onderwerpen aan de Sharia, ook in bankzaken. Heilige liefde en heilige haat (zie Hoofdstuk 5) betekenen dat ons kafir-bankierssysteem vernietigd moet worden.

Merk op dat Amerika en Nederland volgens de Sharia "vijandige landen" zijn.

EISEN

HOOFDSTUK 12

Moslimleiders beweren: om onze religie te kunnen beoefenen willen we dat jullie ons gebed toestaan in scholen en op werkplekken; aparte gebedsruimtes in scholen en op werkplekken; speciaal eten (***halal***); vrije dagen op moslim-feestdagen; hoofddoeken op het werk en op scholen; en het toestaan van volledig bedekkende boerka's bij het sporten. Kafirs mogen nooit kritiek uiten op enig aspect van de islam zoals polygamie, jihad of het slaan van vrouwen. Kafirs moeten bijstand verlenen aan onze vele vrouwen, moslimvrouwen speciale behandeling geven in ziekenhuizen, enzovoort.

DE SHARIA

De Sharia schetst het hele proces en de strategie bij immigratie in een kafir-land en hoe men de maatschappij moet islamiseren. Als je de toekomst wilt weten van de islam in landen waar de Sharia niet de wet is van het land, moet je de Sira (biografie van Mohammed) lezen van 1400 jaar geleden.

Wanneer de eerste moslims arriveren, accepteren ze hun nieuwe thuis. Hun eerste stap is verklaren dat de islam een zusterreligie is van het christendom en het jodendom. Dialogen en "bruggen-bouw" sessies worden gehouden voor de media en de kafir-gemeenschap. Ze beweren ook dat de westerse samenleving eigenlijk gebaseerd is op de gouden eeuw van de islam.

Als deze claims zijn gemaakt en geaccepteerd, komen de eisen voor veranderingen in het kafir-land. Diegenen die zich daartegen verzetten worden haatzaaiers, islamofoben en racisten genoemd, hoewel nooit duidelijk wordt gemaakt waarom verzet tegen de politieke islam iets met ras te maken heeft.

DE KAFIRLEIDERS

Kafirleiders weten niets van de islam en Sharia-wetgeving. Ze hebben allemaal aardige moslims ontmoet en denken daarom dat de islam goed moet zijn en dat de onruststokers extremisten zijn.

Kafirleiders weten niets van dualistische ethiek of politieke onderwerping. De eerste motivatie van kafirleiders is dat ze aardig willen zijn en de rol van tolerante gastheer willen spelen voor deze nieuwe gasten. Een tweede motivatie is dat ze niet iets willen zeggen of doen waardoor ze als haatzaaier worden gelabeld.

Het 'master plan' van kafirleiderschap is dat als wij aardig zijn, de moslims zullen zien hoe goed we zijn en de islam zullen hervormen. Echter, als je doel is om de Sharia-wetgeving te implementeren en het proces van aanbrengen van de Sharia al 1400 jaar feilloos werkt, waarom zou je dan iets hervormen wat nog nooit heeft gefaald?

Sharia kan niet hervormd worden. Het is Allah's wet en het is universeel, volledig en volmaakt.

HEILIGE LIEFDE EN HEILIGE HAAT

De emotionele motivatie achter de eisen van de islam is "heilige haat": ***al Walaa wa al Baraa*** (zie Hoofdstukken 5 en 7). Allah haat de kafirs, hun cultuur en politiek, en daarom moet iedereen die van Allah houdt, haten wat Allah haat, en dus ook een afkeer hebben van onze wetten en grondwet. Om die reden moet de islam voortdurend eisen dat kafirs zich onderwerpen aan de Sharia.

EERSTE AMENDEMENT (VAN DE AMERIKAANSE GRONDWET)

Islam is een religie en moslims hebben volgens onze grondwet recht op vrijheid van religie. Het niet toekennen van welke religieuze eis van de islam dan ook is ongrondwettelijk, dus moeten we alles doen wat ze vragen als het religieus is.

- EISEN -

Elke "religieuze" eis van de islam heeft echter een politiek component. Hier zien we Allah's bijzondere geschenken aan Mohammed:

> **[Bukhari 1,7,331]** *Mohammed: Ik heb vijf dingen gekregen die nog nooit iemand voor mij heeft gekregen:*
> 1. *Allah maakte me zegevierend door ontzag, doordat Hij mijn vijanden afschrikt tot een afstand van één maand reizen.*
> 2. *De aarde is gemaakt voor mij en voor mijn volgelingen, een plek om te bidden en een plek om rituelen uit te voeren; zo kan ieder van mijn volgelingen bidden overal waar het moment om te bidden zich aandient.*
> 3. *Oorlogsbuit is voor mij wettig gemaakt, terwijl het tot dusver voor niemand toegestaan was.*
> 4. *Ik heb het recht van bemiddeling gekregen op de Dag van de Wederopstanding.*
> 5. *Elke profeet is alleen naar zijn volk gestuurd, maar ik ben naar de gehele mensheid gestuurd.*

De rol van islamitisch gebed is een politieke eis, net als jihad en de Sharia. De islam eist dat de staat in al zijn behoeften moet voorzien. Dit is de eis van politieke onderwerping door kafir-regeringen.

Kafirs moeten leren wat het verschil is tussen religie en politiek. De jihad-aanval op het World Trade Center was een politieke daad met een religieuze motivatie. De onschuldige slachtoffers in de torens die hun dood tegemoet sprongen om niet levend te verbranden namen geen deel aan een religieuze ceremonie.

Wanneer moslims de straat opeisen voor gebed, mag het gebed dan wel religieus zijn; de straat overnemen is een zuiver politieke daad.

De eis voor de Sharia-wetgeving in elke vorm, zoals bijvoorbeeld moslimgebed op scholen, noodzaken ons tot politiek handelen; tot regelgeving aan schoolbesturen; tot het steken van belastinggeld in bijeenkomsten, enz. Het bidden zelf mag dan religieus zijn, het vereist politiek handelen en steun van de staat om te kunnen plaatsvinden.

Islamitisch bidden heeft een religieuze motivatie en een politiek gevolg. Het is een eis voor onderwerping door politieke organen aan een ideologie die fundamenteel strijdig is met de Amerikaanse en westerse wetgeving, cultuur en traditie.

We zouden op alle politieke eisen van de islam moeten reageren met een politiek antwoord.

GEMAK EN NOODZAAK

Kafirs hoeven zich niet aan te passen aan de eisen van de islam.

De Sharia kent twee principes die een leidraad vormen wanneer moslims hun zuivere islam onder Sharia niet kunnen uitoefenen. De technische term is *tayseer*, wat betekent: "verlichting van de lasten" of "het gemakkelijk maken".

> **Koran 4:28** *Allah wenst je lasten te verlichten, want de mens is zwak geschapen.*

Wanneer de omstandigheden moeilijk zijn en de Sharia-wetgeving niet van kracht is, wordt de last van de moslim verlicht. Hun plicht is te bidden en bijvoorbeeld geen varkensvlees aan te raken. Maar als de omstandigheden moeilijk zijn worden de vereisten verlicht. Dit leidt tot het begrip *darura*, noodzaak.

Als het nodig is, dan is hetgeen wat verboden is toegestaan. Als een moslim honger heeft en er geen *halal*-voedsel is (conform de Sharia), dan kan hij elk soort voedsel eten. Als een moslim ergens is waar niet gebeden kan worden, dan kan het gebed later gedaan worden. Als de Sharia-wetgeving niet van kracht is, mag een moslim bijvoorbeeld varkensvlees aanraken zonder dat het consequenties heeft.

Hieronder volgt een voorbeeld van het begrip *darura*:

> f 15.17 Een noodzakelijke voorwaarde om aan gebeden te mogen deelnemen (inhalen van gemiste gebeden) is dat de persoon:

- EISEN -

[...]
(5) bang is voor schade in het verdienen van zijn levensonderhoud.

Kortom, als een moslim op school of op de werkplek niet kan bidden, kan dat later ingehaald worden. Islamitische eisen zijn "wensen", geen noodzaak. Als aan hun eisen niet tegemoet wordt gekomen, doet dat geen afbreuk aan hun religie.

Een ander voorbeeld van *darura* betreft het aanschaffen van een verzekering. Verzekeringen zijn verboden onder de Sharia maar als de kafir-wet een autoverzekering vereist, dan mag een moslim vanwege 'noodzaak' de verboden verzekering afsluiten.

Door de Sharia-wetgeving te verbieden worden de behoeften van moslims niet geschonden. We beperken de politieke islam, niet de religieuze islam.

Door nee te zeggen tegen Sharia-gebeden op scholen, beperken we geen enkele religieuze vrijheid; we beschermen kafirburgers tegen de politieke eisen van de islam. Als een moslim niet op de voorgeschreven tijdstippen kan bidden, staat de Sharia toe dat hij dat later inhaalt. Uitstel van gebed kan geen kwaad. Mohammed stelde zijn gebed uit, daarom kunnen alle moslims hun gebed uitstellen.

Als islamitisch gebed op scholen wordt toegestaan, hoe ver moeten de gebedsaanpassingen dan gaan? Er zijn veel elementen – de voorbereiding, een speciale ruimte, ritueel wassen en bijzondere dagen die verschillende gebeden en meer tijd vereisen. In de uiteindelijke vorm van islamitisch gebed mag de ruimte alleen maar voor islamitisch gebed gebruikt worden en moet een speciaal waterleidingsysteem aangelegd worden voor een passend voetbad voor islamitisch gebed.

Wat doet de leraar in de tijd dat zijn leerlingen weg zijn om te bidden? Wat als de leraar gedurende die tijd informatie geeft die nodig is voor de volgende toets? Is dat discriminatie tegen de islam? Waarom zou de staat moeten betalen voor de ruimte en de voetbaden voor de islam?

Het gebed is geen privé-zaak. Islamitische organisaties zullen de leerlingen moeten komen "uitleggen" wat islam is.

Zodra het islamitisch gebed eenmaal geaccepteerd is, wat houdt dan de eis nog tegen dat de schoolkeuken *halal* wordt (conform de Sharia)? Waarom zouden kafir-leerlingen nog eten terwijl de ramadan gaande is? Aangezien vasten lichaam en geest verzwakt, zouden moslims dan toetsen moeten afleggen tijdens de ramadan? Moeten vrouwelijke moslimleerlingen tijdens het sporten Sharia-conforme kleding dragen (boerka, hijab, ...) in plaats van het schooltenue? Denk niet dat dit slechts een denkbeeldig scenario is. Dit proces van onderwerping is vandaag de dag aan de gang in Engeland.

Vervolgens komt de eis voor Sharia-familiewetgeving. Daarna de eis dat de moslims erkend worden als "minderheid" en een speciale behandeling krijgen bij aanstellingen, banen en burgerrechten. Dan komen de Sharia-rechtbanken. Zodra de punt van de Sharia-wig op zijn plek zit, zal het niet ophouden totdat het land de volledige Sharia naleeft en er geen grondwet meer zal zijn.

ARTIKEL ZES

Artikel 6 van de Amerikaanse grondwet zegt dat de grondwet de hoogste wet is van het land en aan geen enkel ander wetsysteem ondergeschikt kan worden gemaakt. De fundamentele claim van de Sharia is dat het de hoogste wet in de wereld is en dat alle andere vormen van wetgeving zich moeten onderwerpen aan islamitische wetgeving. Dit is een gigantische tegenstrijdigheid die wordt genegeerd wanneer de Sharia-wetgeving wordt ingevoerd onder het mom van vrijheid van religie.

De islamitische religie heeft altijd een politiek component waarvoor plaats moet worden gemaakt. Als contrasterend voorbeeld: er zijn evenveel boeddhisten net als de moslims naar Amerika gekomen. Kun je één politieke eis noemen die boeddhisten gesteld hebben in scholen of op enig ander gebied? Ken je een geval waarin boeddhisten eisen gesteld hebben in scholen, in bedrijven, bij de politie of in ziekenhuizen, en eisen dat we les krijgen over boeddhisme en boeddhistische beoefening accommoderen? Nee, want boeddhisme is een religie en geen politiek/religieuze ideologie.

De religie van de islam eist dat wij politieke aanpassingen doorvoeren omdat de islam zowel een politieke ideologie is als een religie.

De Sharia-aanval op Artikel 6 is niet rechtstreeks maar een aanval vanuit de flank. Neem het voorbeeld van het recht op vrijheid van meningsuiting en persvrijheid. Toen de Deense Mohammed-cartoons gepubliceerd werden, waren er in de VS geen grote kranten die ze publiceerden aangezien moslims zeiden dat de cartoons godslasterlijk waren en de islam beledigden. Het resultaat was dat we de Sharia-wetgeving volgden en de cartoons niet afdrukten. Welke politicus tekende protest aan dat de Sharia-wetgeving werd toegepast en dat onderwerping daaraan onze grondwet verzwakte?

Vrijheid van meningsuiting wordt ontzegd wanneer iemand die kritiek heeft op de islam een haatzaaier en een islamofoob wordt genoemd. Op dit moment wordt het eerste amendement van de Amerikaanse grondwet gebruikt om Artikel 6 te vernietigen. De islamitische politieke doctrine wordt gelegitimeerd onder de dekmantel van religie.

Als grondwettelijke kwestie zou geen enkel aspect van de Sharia toegestaan moeten worden.

AANHANGSEL

STATISTISCH ONDERZOEK VAN DE ISLAMITISCHE DOCTRINE

Een groot deel van de islamitische doctrine gaat over de ongelijkwaardigheid van mannen en vrouwen. Wat verwarrend is voor niet-moslims is dat de doctrine tegenstrijdig kan zijn. Islamitisch dualisme wil zeggen dat er twee keuzes zijn die beide even waar zijn. Een statistisch onderzoek naar de doctrine is uitgevoerd zodat het volledige beeld kan worden bekeken.

Elk vers of elke hadith kan beoordeeld worden naar de positie van de vrouw in de samenleving. Een aantal verzen prijst de moeder boven alle mannen. Veel verzen zeggen dat de daden van vrouwen en mannen gelijk geoordeeld zullen worden op de Dag des Oordeels. In veel gevallen is er geen machtsverhouding; het is een neutrale verwijzing.

Bij het maken van de diagrammen hieronder zijn alle teksten geselecteerd waarin een verwijzing naar vrouwen voorkomt. Die gegevens over vrouwen zijn daarna in vier categorieën ingedeeld: hoge status, gelijke status, lage status en neutraal. Een neutrale verwijzing is bijvoorbeeld een vrouwennaam in een lijst. Hier zijn de gegevens uit de Koran:

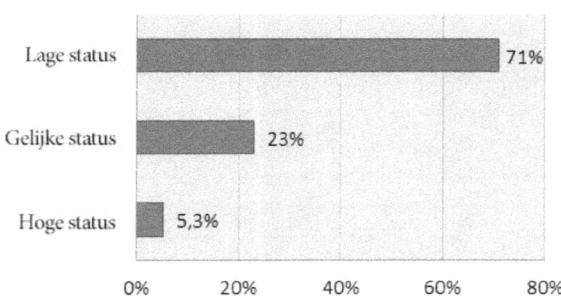

Status van vrouwen in de Koran (12.066 woorden)

Hier is dezelfde analyse van de gegevens uit de Hadith:

Status van vrouwen in de Hadith (331 Hadiths)

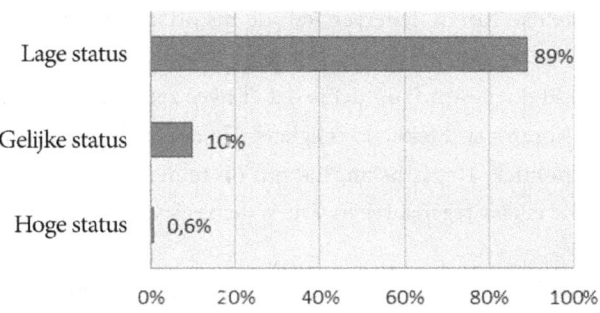

DE KORAN

Een van de fundamenten van de Sharia-wetgeving is de Koran. Aangezien de Koran het meest bekende boek is dat niet is gelezen en begrepen door kafirs, lijkt dit een enorme hindernis te zijn in het leren over de Sharia.

De Koran is echter makkelijk te begrijpen als je één historisch feit kent. Uit de geschiedenis van Mohammed's tijdperk weten we dat ongeletterde Arabieren de Koran niet alleen begrepen, maar ook over de betekenis ervan discussieerden.

Ze konden dat doen omdat ze een andere Koran gebruikten dan die we tegenwoordig kopen in de boekenwinkel. De Koran is jaren na Mohammed's dood geproduceerd, en om onbekende redenen werd het boek gerangschikt naar lengte van de hoofdstukken. Lange hoofdstukken werden in het begin geplaatst en de kortste hoofdstukken aan het eind. Stel je voor dat je een roman neemt, de binding eraf trekt en de hoofdstukken op volgorde van lengte rangschikt. De roman zou geruïneerd zijn omdat de plot is verwijderd. De Koran uit de boekwinkel is willekeurig van samenstelling en slaat nergens op omdat het geen verhaal of plot heeft.

Als je een kameraad van Mohammed was, zou elk vers betekenis hebben omdat het in overeenstemming zou zijn met de situatie waarin Mohammed zich in die tijd bevond. Elk vers had een context en was gemakkelijk te begrijpen.

De historische Koran kan gereconstrueerd worden. We beschikken over een zeer gedetailleerde biografie van Mohammed genaamd de Sira. Als we de Sira nemen en de passende Koranverzen invoegen in zijn levensloop, reconstrueren we de oorspronkelijke Koran. Iedereen kan de historische Koran lezen en begrijpen.

Wanneer we dit doen, wordt duidelijk dat er twee zeer verschillende Korans zijn. De vroege Koran van Mekka is religieus. De latere Koran, geschreven in Medina, is zeer politiek. Het is belangrijk om op te merken dat ze regelmatig dingen zeggen die elkaar tegenspreken. Dit is de basis van het islamitische dualisme.

De historische Koran heeft een verhaal. Het begint met poëzie over god. Vervolgens wordt de oorlog verklaard aan iedere persoon die het niet eens is met Mohammed. Het beschrijft de verwoesting van de autochtone Arabische kafir-cultuur van tolerantie. Uiteindelijk onderwierpen alle Arabieren zich tot in detail aan de Sharia-wetgeving. De politieke overheersing van kafir-Arabië door de islam was voltooid.

NAWOORD

Bedankt voor het kopen en lezen van dit boek. Hiermee steun je de activiteiten en het doel van CSPI International.

CSPI INTERNATIONAL

Het Centrum voor de Studie van de Politieke Islam (CSPI International) is een internationale, non-profit, seculiere en educatieve beweging. CSPI International onderwijst het algemeen publiek over de doctrine van de Politieke Islam.

De islam is een ideologie, een complete beschaving met een cultuur, een religie en een politiek- en juridisch systeem. Het politieke systeem is van belang voor CSPI International want dat is het deel dat de rol van de niet-moslim of kafir bepaald.

De relatie tussen de islam en de kafir is in de trilogie van de drie heilige islamitische teksten te vinden (de Koran, de Sira – de biografie van Mohammed en de Hadith – de overleveringen van Mohammed). Wanneer eenvoudige statistische methoden op de primaire brontteksten van de islam worden toegepast, worden veel van zijn ideeën heel duidelijk – bijvoorbeeld de politieke aard van de islam.

CSPI International is alleen geïnteresseerd in de ideologie van de politieke islam en niet in de religie of zijn leden. Op deze manier voorkomen we emotionele argumenten. Onze organisatie hecht waarde aan rationeel denken en debat over politieke ideeën.

Zelfs wanneer de doctrine van de islam in intellectuele woorden wordt gegeven, zijn er emotionele resultaten, waaronder woede en depressie. De benodigde reactie is rationeel, niet emotioneel. De wereld heeft een nieuw gereedschap om met de islam om te gaan – een op feiten gebaseerde redenering en een goed geïnformeerde gemeenschap van activisten.

STEUN ONS

Als je ons werk interessant vindt en het ook belangrijk vindt om informatie over de politieke islam te verspreiden, kan je ons op verschillende manieren helpen. In de eerste plaats kan je de informatie met jouw familie, vrienden, klasgenoten en collega's op het werk delen. Als je onze inspanningen zinvol vindt, kun je ons ook financieel ondersteunen en/of jouw tijd hieraan besteden.

Als je ons financieel wilt steunen, dan kan je dat met een eenmalige betaling doen of je kunt op een regelmatige basis doneren. Hoe dan ook zal dat ons helpen in het uitbreiden van onze activiteiten en het betalen voor de tijd van mensen die anders niet in staat zouden zijn om voor CSPI International te werken.

Als je ons met jouw tijd wilt ondersteunen hoef je geen lid te worden van CSPI International. Je kan een bron zijn van informatie over de Politieke Islam voor mensen om je heen en een voorbeeld van iemand met een helder begrip van de materie.

Tenslotte kan je deelnemen aan onze activiteiten, zoals vertalen, onderzoek, publiceren, grafisch ontwerpen, juridische diensten, financiële diensten, administratie en nog veel meer.

Bezoek **www.cspii.org**. Bedankt voor je steun.

DISCLAIMER

CSPI neemt strikt afstand van het gebruik van haar educatief materiaal of enig ander intellectueel eigendom als basis voor illegale en/of gewelddadige acties op basis van elke vorm van intolerantie, xenofobie, racisme of onderdrukking van de vrijheid van religie tegen een individu of tegen een groepering.

CSPI neemt strikt afstand van elke vorm van steun aan bewegingen die het recht van het individu op vrijheid van religie onderdrukken.

CSPI houdt zich uitsluitend bezig met de studie van de Politieke Islam. Het geloof van ieder individu wordt diep gerespecteerd door CSPI.

VERTALEN VAN DE KORAN NAAR HET ENGELS

De Koran is een uniek boek op veel verschillende manieren. Het bevat een problematische mix van schoonheid, geweld en complexiteit. Één van de voorgestelde oplossingen voor de problemen van de Koran is dat een "betere" vertaling het probleem van het afschuwelijke geweld kan elimineren.

Er zijn twee benaderingen voor de vertaling van het geweld – het geweld onthullen of het geweld verzachten. Je kunt de twee benaderingen zien op websites die parallelle vertalingen produceren. Een voorbeeld is de website http://www.quranbrowser.com/, die tien vertalingen geeft.

Ongeacht de vertaling die wordt gebruikt, moet deze overeenkomen met het verhaal van de Sira, de heilige biografie van Mohammed, en de Hadith, zijn overleveringen. Zowel de Sira als de Hadith zijn gevuld met jihadistisch geweld, dus de harde vertaalde versie van de Koran komt overeen met de historische jihadistische leer uit het leven van Mohammed.

De CSPI Korans verduidelijken het effect van de Koran op kafirs, niet-moslims. Dit betekent dat de subtiele religieuze leer secundair is. Het gezichtspunt vanuit de CSPI is dat van de kafir, de buitenstaander. De CSPI versies zullen iedereen in staat stellen om de Korans uit de boekhandel te begrijpen.

Hier is een lijst van de belangrijkste referenties gebruikt in de productie van de CSPI Korans:

Arberry, A. J. **The Koran Interpreted**, NY: Touchstone, 1996.
Pickthall, Mohammed M. **The Meaning of the Glorious Koran**. Kuwait: Dar al-Islamiyya.

Dawood, N. J. *The Koran*, London: Penguin Books, 1999.
Rodwell, J. M. *The Koran*, North Clarendon, VT: Tuttle Publishing, 1994.
Ali, Maulana Muhammad. *Holy Koran*. Columbus, Ohio: Ahmadiyyah Anjuman Ishaat Islam 1998.

Het vertalen van de Koran en de werken van Dr. Bill Warner naar andere talen dan het Engels

Bij het vertalen van de werken van Dr. Bill Warner gebruikt CSPI International voornamelijk de betreffende gezaghebbende vertalingen van de Koran. In gevallen waarin er geen gezaghebbende vertalingen zijn of de bestaande vertalingen aanzienlijk verschillen van de citaten die worden gebruikt door Dr. Warner (bijv. wanneer ze het geweld van de tekst wezenlijk verzachten), volgt de vertaling het Engelse origineel gebruikt door Dr. Warner. Dit geldt voor zowel de Koran als andere bronteksten.

SHARIA-WETGEVING IN EUROPA

1. INLEIDING

De volgende samenvatting is door het CSPI international onderzoeksteam opgesteld. Het beschrijft recente toepassingen van de Sharia-wetgeving in het seculaire Europa en laat echte en gedocumenteerde gevallen zien inclusief bronvermelding. Het doel is om de publieke bewustwording te verhogen van hoe de Sharia-wetgeving steeds meer wordt toegepast in de verschillende Europese landen. Beschouw het als een korte samenvatting en niet als een uitgebreide studie van alle aspecten van de Sharia in Europa.

De islamitische wet, de Sharia genaamd, regelt het complete spectrum van het leven, waaronder het strafrecht, de politiek en de economie, evenals persoonlijke zaken zoals het huwelijk, seksueel gedrag en kleding. Deze wet is een combinatie van de Koran en de Soenna (de perfecte woorden en daden van Mohammed). Daarom wordt de Sharia als heilig beschouwd, in tegenstelling tot door de mens gemaakte wetten. De Sharia heeft kleine verschillen op basis van de interpretatie van de geschriften, maar de maatschappelijke invoering ervan is zeer vergelijkbaar. Moslims zijn het echter niet eens over in welke mate de Sharia-wetgeving in de maatschappij moet worden ingevoerd. [1] Hier volgen enkele voorbeelden van hoe de Sharia wordt toegepast in de verschillende levensgebieden, en hoe de visie van moslims op de Sharia op verschillende tijden en plaatsen verschilt.

VROUWENBESNIJDENIS

Ongeveer 91 procent van de vrouwen in Egypte heeft vrouwelijke genitale verminking (afkorting VGV, in het Engels: female genital mutilation, FGM) ondergaan. [2] Momenteel is VGV sinds 2008 daar officieel verbannen. [3] In 2015 werd een Egyptische arts veroordeeld voor doodslag nadat een 13-jarig meisje stierf na afloop van een VGV-behandeling. [4]

ZELFMOORDAANSLAGEN

Jihad is de heilige oorlog die wordt gevoerd tegen de niet-moslims, genaamd kafirs binnen de islam, om de Sharia-wetgeving te verspreiden. Als iemand in jihad sterft en zijn/haar motivatie gewijd is aan Allah, dan wordt hij/zij in het Paradijs herboren. In Libanon daalde onder de moslimbevolking de steun voor zelfmoordaanslagen van 74 procent in 2002 naar 33 procent in 2013. Daarentegen steunt ongeveer 67 procent van de islamitische bevolking in de Palestijnse gebieden zelfmoordaanslagen. [5]

SLAVERNIJ

Ondanks het feit dat de steun voor slavernij in het Midden-Oosten in de 20e eeuw heel zwak was, wordt op dit moment door IS de meest harde vorm van de Sharia (inclusief slavernij) toegepast. [6] Het is duidelijk dat de striktheid van het toepassen van Sharia verandert afhankelijk van tijd en plaats, en elk element van de Sharia kan ofwel worden toegepast of naar believen worden onderdrukt.

Momenteel is ongeveer 75 procent van de moslimbevolking van het Midden-Oosten, Zuid- en Zuidoost-Azië, evenals de Noord-Afrikaanse regio's, voorstander van het verankeren van de Sharia als officiële wetgeving, en ongeveer 51 procent van de moslims vindt dat de Sharia alleen op aanhangers van het moslimgeloof moet worden toegepast. [7] Deze houding tegenover de Sharia wordt ook door Europese moslims gedeeld. Dit is het meest duidelijk in de Europese gebieden waar de moslimgemeenschap aanzienlijk is gegroeid of waar zij de meerderheid vormt. Oostenrijk heeft een snel groeiende moslimbevolking, waar de islamitische minderheid tussen 2001 en 2012 met 70 procent is toegenomen, evenals in Duitsland waar de geschatte groei 42 procent is tussen 2000 en 2009. [8] In Engeland en Wales is de moslimbevolking gedurende een periode van tien jaar tussen 2001 en 2011 bijna verdubbeld. [9]

Hoewel tegenwoordig de groei van de moslimbevolking in Europa heel snel gaat, is slechts 6 procent van de totale Europese bevolking moslim. [10] Ondanks dit feit wordt de Sharia-wetgeving reeds tamelijk breed toegepast.

2. DEMOCRATIE IN EUROPA VERSUS SHARIA-WETGEVING

Het grootste probleem van het invoeren van de Sharia-wetgeving in democratische Europese landen is dat "de regels van de Sharia onverenigbaar zijn met het democratische regime". Dit is niet een "islamofobe" mening, maar een verklaring van het Europees Hof voor de Rechten van de Mens (EHRM) die in 2003 werd uitgevaardigd.

Het EHRM heeft de observatie van het Turkse Constitutionele Hof bevestigd dat secularisme een van de onmisbare voorwaarden voor democratie is. Het principe van secularisme voorkomt dat de staat een voorkeur uit voor een bepaalde religie of een geloof en vormt de basis van vrijheid van geweten en gelijkheid tussen burgers voor de wet. Het optreden van de staat om de seculiere aard van het politieke regime te behouden dient in een democratische samenleving als noodzakelijk te worden beschouwd. [11]

Aangezien de Sharia-wetgeving bovendien discriminerend is jegens vrouwen, heeft het Europese Hof een besluit uitgevaardigd gerelateerd aan de bescherming van vrouwenrechten: *"vrijheid van religie kan niet worden aanvaard als een voorwendsel om overtredingen van vrouwenrechten te rechtvaardigen, of deze nu open of subtiel zijn, legaal of illegaal, met of zonder de nominale toestemming van de slachtoffers: vrouwen"*. [12]

Iedereen zou deze verklaring moeten onthouden, omdat deze in sterke tegenstelling staat tot de mening van veel moslims. In een onderzoek van Ruud Koopmans in 2013 over religieus fundamentalisme werd onthuld dat in Europa bijna 60 procent van de moslims het erover eens is dat ze naar de wortels van de islam moeten terugkeren; 75 procent denkt dat er slechts één interpretatie van de Koran mogelijk is waar iedere moslim zich aan zou moeten houden; en 65 procent zegt dat voor hen de religieuze regels belangrijker zijn dan de wetten van het land waarin ze leven. [13] Binnen de significante islamitische minderheden van Zuid- en Oost-Europa (Rusland en de Balkan) heeft 65 procent van de moslims een voorkeur voor het toepassen van de Sharia op alleen moslims. [1] Uit andere peilingen is gebleken dat 32 procent van de Britse moslims in de leeftijd van 25 tot 34 jaar, en 37 procent van de 16 tot 24 jarigen, de voorkeur heeft voor de Sharia-wetgeving boven de wet van het land. [14, 15]

Organisaties zoals Sharia4Belgium, Sharia4Holland, Islam4UK of groepen die banden hebben met de website Islamskavyzva.com (voorheen Sharia4czechia.com), strijden ervoor om de Sharia-wetgeving in Europese landen uit te breiden. Het proces bestaat uit twee fasen en wordt op de Islamskavyzva.com website beschreven. Het doel van de eerste fase is het oprichten van islamitische gemeenschappen die het voorbeeld begrijpen dat door Mohammed is gesteld en in staat zijn om de islam te verspreiden. Naar hun mening is deze fase al afgerond. De tweede fase gaat over het vergroten van de hoeveelheid toegewijde moslims. Zij zullen in staat zijn om de samenleving op dezelfde wijze als in het 'Islamitische gouden tijdperk' in te richten en daarmee een islamitische 'utopie' te verwezenlijken. [16] Binnen deze visie is de verwachting dat de Sharia ook aan niet-moslims zal worden opgelegd. Deze situatie zou makkelijk een gevecht kunnen betekenen tussen de democratie en de politieke islam in Europese landen.

Recentelijk is de Sharia-wetgeving in Duitsland, Frankrijk, Engeland, de Benelux, Denemarken, Zweden, en andere landen, op veel terreinen van de

Europese samenleving toegepast. Daarom is het zinvol om de invoering van de Sharia-wetgeving in twee hoofdgebieden te verdelen: de Sharia voor moslims en de Sharia voor niet-moslims (kafirs).

3. SHARIA TOEGEPAST OP MOSLIMS

3.1. Sharia als een parallel rechtssysteem in Europa

Vaak worden rechtszaken onder moslims in islamitische gemeenschappen onofficieel beslecht door islamitische autoriteiten of officieel door middel van Sharia-wetgeving. Binnen moslimgemeenschappen bestaat er een parallel rechtssysteem naast het bestaande systeem van het land, vaak gericht op familierecht. De rechten van vrouwen zijn sterk beperkt in de Sharia-wetgeving in vergelijking met Europees recht. Typische voorbeelden hiervan zijn de *moslim-rechtbanken*, vooral in Engeland.

MOSLIM-RECHTBANKEN IN ENGELAND

De onofficiële Sharia-rechtbanken die door de moslimvertegenwoordigers worden aangeboden, zijn sinds 1980 actief in het Verenigd Koninkrijk. [18] Op het moment van schrijven van dit artikel zijn er 85 officiële rechtbanken – Moslim Arbitrage Tribunalen (MAT) – die sinds 1996 onder de 'Aribitration Act' actief zijn.[17] Deze instellingen mogen advies geven aan moslims die vrijwillig hebben gekozen om hun burgerlijke- en familie conflicten (echtscheiding, huwelijk, strafrecht, etc.) door hen op te laten lossen. De beslissingen van zo'n rechtbank kunnen dan door de landelijke rechtbanken of door de Hoge Raad worden afgedwongen. Echter, in de realiteit gebruiken de Sharia-rechtbanken een minder bekende rechtsbepaling van de '1996 Act' om hun veroordelingen onder de Britse wetgeving officieel bindend te maken in gevallen zoals echtscheiding, financiële geschillen en zelfs huiselijk geweld. [18] De BBC-documentaire "Secrets of Britain's Sharia Courts" onthulde wat er werkelijk in de Britse Sharia Raden gebeurt. Ze zijn meer dan alleen arbitrage rechtbanken (conflictbemiddeling).

MOSLIM-RECHTBANKEN IN ANDERE EUROPESE LANDEN

Wanneer de Sharia-rechtbanken niet officieel door de overheid worden ondersteund, kunnen ze doorgaans eenvoudigweg binnen de moskeeën opereren. Bijvoorbeeld het bestaan van een "parallele justitie" in Duitsland werd gemeld in *Der Spiegel* in 2011 en in Joachim Wagner's boek *Richter ohne Gesetz* (wetteloze rechters). [19]

De feministische schrijfster Nahed Selim meldde dat moskeeën in Nederland Sharia-regels uitvoeren met betrekking tot onder andere het huwelijk, echtscheiding, erfenis, voogdij en ouderlijk gezag. [20] De imams hadden veel conflicten beslecht in het getto van Vollsmose in Denemarken. Diverse media meldden het feit dat de rechtspraak van de imam in Vollsmose door de raad van oudsten was bekrachtigd (dat wil zeggen een orgaan dat bestaat uit een groep van de oudste en meest gerespecteerde burgers in het gebied). In Zweden bestaan er religieuze en etnische rechtssystemen buiten het rechtsgebied van het burgerlijk recht. [21] In 2011 werd een Sharia-rechtbank opgericht in Antwerpen, de tweede grootste stad in België, door de radicale islamitische groep genaamd Sharia4Belgium. [22] Deze rechtbank "bemiddelt" bij familiewetgeschillen voor moslim immigranten in België.

In Griekenland bestaat een bijzondere situatie. Al bijna een eeuw zijn Sharia rechtbanken in het Griekse gebied van Thracië actief. De Moefti heeft de bevoegdheid over de moslimburgers van Griekenland in die regio in zaken met betrekking tot het huwelijk, echtscheiding, alimentatie, hechtenis, voogdij, de emancipatie van minderjarigen, moslimtestamenten en erfgeschillen als deze relaties door de Sharia worden bestuurd. Dit bijzondere rechtssysteem van "tegenstrijdige bevoegdheid", zoals door de EU is gedefinieerd, is een controversiële kwestie onder Griekse advocaten en mensenrechtenorganisaties. [23]

De Sharia-wetgeving wordt in Europese wetten toegepast en dit betekent dat deze rechtbanken een parallel systeem creëren naast de seculiere wetgeving.

3.2 Sharia-wetgeving binnen de Europese-wetgeving

Het toepassen van Sharia-wetgeving is anders dan de Sharia-rechtbanken, omdat de rechtzaken opgelost worden volgens de Sharia door niet-moslim autoriteiten. Kafirs gebruiken Sharia-wetgeving voor uiteenlopende situaties. Enkele voorbeelden uit Engeland, Spanje en Nederland werden al genoemd.

Het secularisme in het Verenigd Koninkrijk werd zeer sterk aangetast toen de Sharia-wetgeving in het rechtssysteem van het Verenigd Koninkrijk in 2014 werd aangenomen. The Law Society publiceerde richtlijnen voor het opstellen van documenten conform de islamitische regels die niet-moslims uitsluiten en inbreuk maken op vrouwenrechten. Met behulp van deze richtlijnen zullen zelfstandige notarissen in staat zijn om islamitische testamenten te schrijven, die de bevoegdheid zullen hebben om niet-moslims volledig uit te sluiten en vrouwen een gelijk aandeel van een erfenis te ontzeggen. [24] Het is ook belangrijk om op te merken dat islamitisch bankieren in het Verenigd Koninkrijk groeit. David Cameron zei in 2013, "Ik wil dat Londen zij aan zij staat met Dubai en Kuala Lumpur als een van de grote hoofdsteden van islamitisch bankieren waar ook ter wereld". [25]

Het beginsel van de Sharia-wetgeving wordt ook in Duitsland gebruikt. Hoewel de Sharia-wetgeving niet direct in het Duitse juridische wetboek is opgenomen, wordt het officieel in de rechtbank gebruikt bij het beslissen over 'moslim' zaken. Elementen van de Sharia werden bij gevallen van familie- en erfrechtgeschillen gebruikt. [26, 27] De minister van Binnenlandse Zaken van de deelstaat Rijnland-Palts steunde in 2012 het gebruik van de Sharia-wetgeving. [28] De rechtbank in Hamm kondigde in april 2013 aan dat de Sharia-wetgeving in Duitse rechtbanken zal worden toegepast voor diegenen die onder de Sharia-wetgeving in een islamitisch land trouwen en besluiten om in Duitsland echtscheiding aan te vragen. [29]

Delen van de Sharia-wetgeving worden officieel in Spanje gebruikt. De Spaanse overheid heeft de Spaanse wet betreffende internationale adoptie aangepast, zodat Spaanse ouders verplicht zijn om te voldoen aan de islamitische vorm van voogdij, genaamd *Kafala*, totdat hun kinderen volwassen worden. Marokkaanse kinderen die door Spaanse staatsburgers geadopteerd worden zullen ongeacht de religie van hun ouders als moslim moeten worden opgevoed. [30] De Spaanse rechtbank neigt nu naar het erkennen van islamitische echtscheiding of verstoting (*talaq*) met enige overeenkomst met de versnelde echtscheiding. Echter, omdat seculiere echtscheiding voor veel moslims niet als voldoende wordt beschouwd om een huwelijk te ontbinden, proberen de Spaanse rechtbanken de geldigheid van verstoting te accepteren als er een publiek besluit was van een rechtbank met voldoende garanties en als er de mogelijkheid is van echtscheiding voor vrouwen (*khul*). [31]

Het is ook belangrijk op te merken dat polygamie officieel mogelijk is in Europa. Hoewel polygamie in Nederland technisch gezien verboden is, zijn de huwelijken van moslims met meerdere vrouwen nu erkend door de Nederlandse autoriteiten in Rotterdam en Amsterdam. De ambtenaren die huwelijken registreren erkennen polygame huwelijken van immigranten die plaats vonden in landen waar het hebben van meer dan één vrouw is toegestaan, zoals Marokko. [32]

Hierboven zijn voorbeelden beschreven van de Sharia-wetgeving in Europa die alleen op de moslimbevolking van toepassing zijn. Er zijn echter ook gevallen van de Sharia-wetgeving toegepast op kafirs.

4. SHARIA TOEGEPAST OP KAFIRS

Deze paragraaf biedt voorbeelden van beperkingen opgelegd aan de vrijheid van meningsuiting, de eis voor Sharia in "no-go areas", antisemitisme, de invloed van Sharia op onderwijs, en andere verschijnselen in Europa. De toepassing van de Sharia-wetgeving heeft grote invloed op het leven van de kafirs, omdat het vaak direct op hen is gericht.

4.1. No-go areas

Moslims in Europese steden en landen wonen vaak in hetzelfde gebied of in dezelfde wijk. Deze gebieden hebben een aanzienlijk hoger percentage moslims dan in de rest van het land. Veel van hen zijn immigranten. In Europese landen zijn er veel van deze gebieden. [33, 34]

Deze immigrantengroepen kunnen zeer snel groeien. Oslo zou een niet-Noorse meerderheid kunnen hebben binnen 20 of 30 jaar; Birmingham kan een meerderheid aan Pakistanen hebben in 2024 en de autochtone Duitse bevolking zal naar verwachting in minder dan 40 jaar een minderheid worden in veel van haar eigen grote steden. [21] In dergelijke gebieden bevinden zich gesloten gemeenschappen waar onofficieel de Sharia geldig is. Onlangs hebben de media het publiek geïnformeerd over deze "no-go zones" - of "Sharia-zones" - waar Sharia-patrouilles controleren of de bevolking zich houdt aan de Sharia-wetgeving. Hieronder worden een aantal gevallen in Engeland, Frankrijk en Nederland genoemd als voorbeeld.

ENGELAND

Sharia-patrouilles, ook wel moslim-patrouilles of bescheidenheids-patrouilles genoemd, hebben de straten in oost-Londen gepatrouilleerd sinds ten minste begin 2013. [35] Dit werd georganiseerd door een groep van leden die zichzelf 'Sharia Project' noemt. Drie islamitische bekeerlingen die werden vastgezet voor het bedreigen van niet-moslims, werden in 2013 verboden de Sharia-wetgeving te promoten in Engeland. [36] In sommige wijken van Londen organiseren Britse pro-IS jihadisten "Sharia patrouilles" om gedrag te ontmoedigen dat zij on-islamitisch vinden. Dit werd eind 2014 gemeld door CBS. [37]

FRANKRIJK

In 2014 publiceerde Le Figaro de inhoud van een uitgelekt inlichtingen document dat waarschuwde tegen de invoering van Sharia-wetgeving in Franse scholen in moslim getto's. Het document onthulde dat er sprake was van sluiering van jonge meisjes op speelplaatsen, *halal* maaltijden in de kantine, chronisch ziekteverzuim tijdens religieuze feesten (tot 90 procent in sommige delen van Nîmes en Toulouse) en clandestien gebed in gymzalen en hallen. Een research paper van 120 pagina's getiteld "No-Go Zones in de Franse Republiek, mythe of werkelijkheid" ("Les zones de non-droit dans la République Française, mythe ou réalité?") documenteerde tientallen Franse wijken waar de politie en de gendarmerie (Franse Marechaussee) de Republikeinse orde niet kon handhaven of zelfs niet binnen kunnen gaan zonder confrontatie, projectielen of zelfs dodelijke schietpartijen te riskeren. [38,39]

NEDERLAND

In het begin van 2015 vond in Nederland een schandaal plaats toen de Haagse politie op oudejaarsavond samenwerkte met de salafistische As-Soennah moskee. Vrijwilligers van de As-Soennah moskee patrouilleerden in de Transvaalbuurt en de Schilderswijk op oudejaarsavond om te voorkomen dat jongeren problemen zouden veroorzaken. De vrijwilligers van de moskee werden beloond met toeristische vouchers voor hun diensten. [40]

4.2. Zelfcensuur als inbreuk op de vrijheid van meningsuiting

Eén van de meest grove inbreuken van de Sharia op de mensenrechten betreft de vrijheid van meningsuiting. De reden is heel eenvoudig: kritiek op Mohammed, Allah, of de islamitische leer wordt beschouwd als godslasterlijk gedrag in de islam die zulke daden verbiedt. Een effectief middel tegen kritiek is de beschuldiging van islamofobie. Wie tegenwoordig de islam bekritiseert kan worden gelabeld als islamofoob, "problematisch", onbetrouwbaar, of een radicaal persoon. Het grootste probleem is dat de tegenstanders van de islam worden vermoord.

De Nederlandse filmregisseur Theo van Gogh werd in 2004 vermoord om de korte film Submission die kritiek leverde op de behandeling van vrouwen binnen de islam. Sindsdien wordt de Nederlandse politicus Geert Wilders 24 uur per dag bewaakt door een speciale politiedienst vanwege zijn kritiek op de islam. Na de publicatie van de Deense Mohammed-cartoons van o.a. Kurt Westergaard door het Deense dagblad Jyllands-Posten in 2005 werden gebouwen verbrand en mensen gedood. Dhr. Westergaard leeft als een "levend doelwit" en wordt continu bewaakt door de politie, evenals de Zweedse kunstenaar Lars Vilks die ook tekeningen van Mohammed maakte, bedoeld voor een kunsttentoonstelling. Dhr. Vilks overleefde de laatste aanslag door een schutter in Kopenhagen in 2015. [41]

Een brute aanslag op hen die gebruik maken van hun recht op vrijheid van meningsuiting vond plaats in de Parijse kantoren van *Charlie Hebdo* in 2015. Zeventien mensen werden gedood binnen drie dagen. Terwijl veel vertegenwoordigers van de islam dit beschreven als een afschuwelijke daad, braken er gewelddadige protesten uit in delen van de wereld – inclusief Europa. [42] Iedereen in de wereld is bekend met het doden van de tegenstanders van IS. Veel van deze moorden worden gepleegd door jihadgangers, die terug kunnen keren naar Europa. [43] Dit vormt een zeer reëel gevaar aangezien tegenwoordig de meeste mensen erkennen dat tegenstanders van de islam kunnen worden vermoord.

Het is interessant dat 42 procent van de Fransen na de *Charlie Hebdo* aanslag zeiden dat cartoons die moslims boos maken niet moeten worden gepubliceerd. [44] In Nederland waren bijvoorbeeld reclamebureaus te bang om posters met de *Charlie Hebdo* cartoons op te hangen. Angst zet zich in Europa snel om in zelfcensuur. [45] De belangrijkste kranten schrijven vaak niet over "moslims", maar eerder over "radicalen", "immigranten" en "eenzame wolven", of schrijven op een omzichtige manier.

4.3. Antisemitisme

In het verleden zijn de joden door zowel kafirs als moslims vervolgd. Dit is momenteel het geval vanwege het Israëlisch-Palestijnse conflict. Het groeiende antisemitisme in Europese landen die gastheer zijn voor grote moslim minderheden is duidelijk. Zweden is een goed voorbeeld. De nu al kleine Joodse gemeenschap in Malmö krimpt met vijf procent per jaar. De synagoge in de hippe straat Föreningsgatan heeft uitgebreide beveiliging. De mate van angst wordt gereflecteerd door het feit dat vertegenwoordigers van de Joodse gemeenschap aangeven dat het glas van het gebouw "raket-bestendig" is, en bewakers alle vreemdelingen die de synagoge willen betreden controleren. [46]

Christenen en joden worden op grote schaal vervolgd in moslimlanden en de situatie is de laatste paar jaar nog veel erger geworden. Veel moslims in Europa beschouwen de joden als de kwade macht die het Westen beheerst. Bijna één vijfde van de moslims in het Verenigd Koninkrijk beschouwen de Joodse gemeenschappen als legitieme doelwitten in de "lopende strijd om gerechtigheid in het Midden-Oosten". [21] In Denemarken zijn christelijke asielzoekers herhaaldelijk overal aan blootgesteld, van pesterijen tot bedreigingen en fysiek misbruik door andere vluchtelingen in de asielzoekerscentra, simpelweg omdat ze zich hebben bekeerd van de islam tot het christendom. [47] Het antisemitisme is wijdverspreid in de Europese moslimgemeenschappen. [48]

4.4 Onderwijs

Europese landen staan de oprichting van islamitische scholen toe, en islamitisch onderwijs op openbare scholen is ook mogelijk in een aantal Europese landen. Er zijn echter tendensen om de "niet-moslimscholen" ook les te laten geven in overeenstemming met de islam. In Engeland is er bijvoorbeeld overheidsfinanciering voor verschillende moslimscholen evenals voor vele onafhankelijke moslimscholen.

Onlangs werd een schandaal genaamd "Trojan Horse" ontdekt in Birmingham in 2014. [49] "Trojan Horse" was een vier pagina's tellend document waarin een strategie werd geschetst om niet-moslim schoolleiders en personeel te verdrijven van openbare scholen in de moslimwijken en ze te vervangen door mensen die de scholen zouden besturen volgens de strenge islamitische principes. [50]

Dit document wordt nu beschouwd als een *hoax*. Niettemin gaf het Ministerie van Onderwijs opdracht tot een onderzoek dat duidelijk bewijs vond dat veel betrokkenen mensen waren in posities met gezag binnen de scholen die "extremistische standpunten aanhangen, goedkeuren, of zich daar niet tegen verzetten". Het onderzoek bekeek 21 scholen in de stad. Naar aanleiding van dit onderzoek zijn vijf scholen onderhevig aan bijzondere maatregelen. [51]

5. SAMENVATTING

Dit rapport beschrijft in het kort de groei van de Sharia-wetgeving in Europa. Wanneer de moslimgemeenschap klein is of wanneer het geen echte macht heeft blijft de Sharia-wetgeving verborgen. In het algemeen wordt deze wetgeving strikt en alleen toegepast in moskeeën of soortgelijke plaatsen; maar wanneer de moslimgemeenschap groeit en haar macht groeit, kan een parallelle wetgeving ontstaan die een sociaal systeem creëert op basis van de islamitische regelgeving. Later kan de Sharia een officiële status krijgen en wordt het vaak gebruikt als familierechtsysteem voor moslims. Onofficieel kan het zelfs worden opgelegd aan kafirs in "moslim" gebieden of districten.

Het opleggen van de Sharia is een langzaam proces dat op de volgende manier kan worden beschreven: De verspreiding van angst leidt tot zelfcensuur en iedereen wordt voorzichtig in het bekritiseren van de islam. Beleid kan worden beïnvloed door moslims die de neiging hebben om de druk op rechtbanken, scholen en andere instellingen te vergroten. De wetten die door kafirs zijn gemaakt worden langzaam beperkt door de eisen van de Sharia en het radicalisme van moslims. Dit proces vormt een bedreiging voor de basisprincipes van de democratie omdat de regels van de Sharia onverenigbaar zijn met democratische regeringen. Dit leidt er uiteraard toe dat het verzet van de kafirs tegen de islam toeneemt.

Iedereen in Europa moet weten dat het fenomeen van een sluipende Sharia het leven van Mohammed weerspiegelt. Het kan gemakkelijk worden beschreven in twee fasen. In eerste instantie was Mohammed een prediker en was islam slechts een religie. Gedurende die tijd trok hij ongeveer 150 aanhangers aan voor de islam. Later werd Mohammed een politicus en een krijgsman; daarmee werd de islam meer politiek en de Arabische wereld veranderde volledig. Tegen de tijd dat Mohammed stierf waren de meeste Arabieren moslims die zich hadden onderworpen aan de islam.

Om deze redenen zouden niet-moslims de grondbeginselen van de Sharia-wetgeving en de islam moeten kennen. Ze krijgen er zeer binnenkort mee te maken.

REFERENTIES:

[1] The World's Muslims: Religion, Politics and Society. pewforum.org [online]. 2013. http://www.pewforum.org/Muslim/the-worlds-muslims-religion-politics-society.aspx, p.42-43.
[2] THE STATE OF THE WORLD'S CHILDREN 2014, unicef.org [online]. 2014. http://www.unicef.org/sowc2014/numbers/, p.79.
[3] Egypt bans female circumcision after death of 12-year-old girl, The guardian [online]. 2007. http://www.theguardian.com/world/2007/jun/30/gender.humanrights.
[4] Egypt doctor convicted over girl's death in landmark FGM case, Reuters [online].2015.http://www.reuters.com/article/2015/01/26/us-egypt-trial-fgm-idUSKBN0KZ1IQ20150126.
[5] Muslim Publics Share Concerns about Extremist Groups. Pewglobal.org [online]. 2013.http://www.pewglobal.org/2013/09/10/muslim-publics-share-concerns-about-extremist-groups/.
[6] Yazidi sex slave escapes Isis to tell her story: 'They took us away like cattle'. The Independent [online]. 2014. http://www.independent.co.uk/news/world/middle-east/yazidi-sex-slave-es-

capes-isis-to-tell-her-story-they-took-us-away-like-cattle-9939770.html.
[7] The World's Muslims: Religion, Politics and Society. Pewforum.org [online]. 2013.http://www.pewforum.org/Muslim/the-worlds-muslims-religion-politics-society.aspx.
[8] de.statista.com Anzahl der Muslime in Österreich 2012, Anzahl der Muslime in Deutschland – Entwicklung
[9] Muslim population in England and Wales grows 75% in 10 years. RT.com [online]. 2015. http://rt.com/uk/231675-muslim-population-rises-1m/.
[10] GRIM, Brian. Yearbook of international religious demography. Leiden: Brill, 2014. ISBN 978-900-4272-743. p.134.
[11] CASE OF REFAH PARTİSİ (THE WELFARE PARTY) AND OTHERS v. TURKEY. ECHR [online]. 2003. http://hudoc.echr coe.int/sites/eng/pages/search.aspx?i=001-60936#{"itemid":["001-60936"]}.
[12] Resolution 1464 (2005) – Women and religion in Europe. CoE [online]. http://assembly.coe.int/Main.asp?link=/Documents/AdoptedText/ta05/ERES1464.htm#_ftn1.
[13] Ruud Koopmans, Journal of Ethnic and Migration Studies, 2015, Vol. 41, No. 1, 33–57.
[14] Munira Mirza, Abi Senthilkumaran, and Zein Ja'far, Living apart together: British Muslims and the paradox of multiculturalism, London: Policy Exchange, 2007, p. 46.
[15] Denis MacEoin, David G. Green, Sharia Law or 'One Law For All?', 2009, Civitas: Institute for the Study of Civil Society, London.
[16] http://islamskavyzva.com/vstan-a-varuj-jsem-muslim-a-chci-pomoci-rozsirit-islam-a-pomoci-umme/#_blank.
[17] Growing use of Sharia by UK Muslims. BBC News. 2012. http://www.bbc.co.uk/news/uk-16522447?print=true.
[18] Islamic Sharia courts in Britain are now 'legally binding'. Mailonline. 2008.http://www.dailymail.co.uk/news/article-1055764/Islamic-Sharia-courts-Britain-legally-binding.html.
[19] WAGNER, Joachim. Richter ohne Gesetz islamische Paralleljustiz gefährdet unseren Rechtsstaat ; wie Imame in Deutschland die Scharia anwenden. Erw. und aktualisierte Ausg., 1. Aufl. Berlin: Ullstein, 2012. ISBN 9783548374802.
[20] Help Muslims escape the tyranny of Sharia law. Nrc.nl [online]. 2009. http://vorige.nrc.nl/international/article2296923.ece/Help_Muslims_escape_the_tyranny_of_Sharia_law.
[21] JESPERSEN, Karen a Ralf PITELKOW. The Power of Islam . Kobenhavn: Politikens Forlag, 2012. ISBN 978-87-400-0612-4.
[22] Shariah4Belgium opent islamitische rechtbank voor huwelijks- en erfeniskwesties. Hln.be [online]. 2011. http://www.hln.be/hln/nl/1275/Islam/article/detail/1317026/2011/09/10/Shariah-4Belgium-opent-islamitische-rechtbank-voor-huwelijks--en-erfeniskwesties.dhtml
[23] The application of Shari'ah in the Greek area of Western Thrace: Protecting the religious freedom of the Muslim minority or dismantling the Greek Constitution?.academia.eu [online]. http://www.academia.edu/3287627/The_application_of_Shari_ah_in_the_Greek_area_of_Western_Thrace_Protecting_the_religious_freedom_of_the_Muslim_minority_or_dismantling_the_Greek_Constitution
[24] Sharia law to be adopted into UK legal system for first time, RT.com. 2014. http://rt.com/uk/147713-Sharialaw-uk-legal/.
[25] UK aims to become centre for Islamic finance. Aljazeera.com. 2013. http://www.aljazeera.com/indepth/features/2013/10/uk-aims-become-centre-islamic-finance-201310319840639385.html.
[26] Justifying Marital Violence: A German Judge Cites Koran in Divorce Case, Spiegelonline [on-

line]. 2007. http://www.spiegel.de/international/germany/justifying-marital-violence-a-german-judge-cites-koran-in-divorce-case-a-473017.html,
[27] Islamic Law's Foothold in German Legal System, Gatestoninstitue.org [online]. 2013. http://www.gatestoneinstitute.org/3753/islamic-law-german-legal-system.
[28] Sharia in Germany? Politician Blasted for Support of Islamic Law. SpiegelOnline [online]. 2012. http://www.spiegel.de/international/germany/Sharia-in-germany-politician-blasted-for-support-of-islamic-law-a-813148.html.
[29] Islamic Law's Foothold in German Legal System. Gatestoneinstitute.org [online]. 2013. http://www.gatestoneinstitute.org/3753/islamic-law-german-legal-system.
[30] The Islamization of Spanish Jurisprudence.Gatestoneinstitute.org [online]. 2013. http://www.gatestoneinstitute.org/3595/spain-adoption-islam
[31] The Spanish Encounter with Islamic Family Law: An Approach to Legal Pluralism in Spain, academia.eu [online]. https://www.academia.edu/1776256/The_Spanish_Encounter_with_Islamic_Family_Law_An_Approach_to_Legal_Pluralism_in_Spain.
[32] Netherlands Recognises Polygamous Marriages of Muslims reports Dutch Newspaper. Lifesitenews [online]. 2008.https://www.lifesitenews.com/news/netherlands-recognises-polygamous-marriages-of-muslims-reports-dutch-newspa.
[33] http://en.wikipedia.org/wiki/List_of_cities_in_the_European_Union_by_Muslim_population, wikipedia [online]. http://en.wikipedia.org/wiki/List_of_cities_in_the_European_Union_by_Muslim_population
[34] Atlas des Zones urbaines sensibles. sig.ville.gouv.fr [online]. http://sig.ville.gouv.fr/Atlas/ZUS/
[35] Sharia patrols. Wikipedia [online]. 2015. http://en.wikipedia.org/wiki/Sharia_patrols.
[36] Judge BANS Muslim Patrol vigilantes from promoting SHARIA LAW in Britain. Express [online]. 2014. http://www.express.co.uk/news/uk/459782/Muslim-Patrol-handed-Asbos-banning-Sharia-Law-promotion-or-meeting-Anjem-Choudary.
[37] Anti-gay, anti-alcohol: London's "Sharia patrol". CBS News. 2014. http://www.cbsnews.com/videos/anti-gay-anti-alcohol-londons-Sharia-patrol/.
[38] Les zones de non-droit » dans la République Française, mythe ou réalité ?. DRMCC [online]. 2002. http://www.drmcc.org/IMG/pdf/TREMOLLET_DE_VILLERS.pdf
[39] European 'No-Go' Zones: Fact or Fiction? Part 1: France.Gatestoneinstitute.org [online]. 2015. http://www.gatestoneinstitute.org/5128/france-no-go-zones.
[40] Scandal: Dutch police paid Salafis to help patrol The Hague during New Year's Eve. 10News.dk. 2015. http://10news.dk/scandal-dutch-police-paid-salafi-Sharia-patrols-to-help-patrol-the-haag-during-new-years-eve/.
[41] Artist survives Copenhagen attack: 'They threw me in a storage room', CNN [online]. 2015. http://edition.cnn.com/2015/02/15/europe/copenhagen-cafe-attack-lars-vilks/.
[42] 10 killed, churches torched in protests over Charlie Hebdo. CNN [online]. 2015. http://edition.cnn.com/2015/01/20/world/charlie-hebdo-violence/
[43] ISIS Foreign Fighter Recruitment, Social Media Undeterred By New Security Crackdowns. Ibtimes [online]. 2015. http://www.ibtimes.com/isis-foreign-fighter-recruitment-social-media-undeterred-new-security-crackdowns-1831764.
[44] 42% of French people say cartoons that upset Muslims shouldn't be published, The guardian [online]. 2015. http://www.theguardian.com/world/2015/jan/18/french-people-press-publishing-cartoons-charlie-hebdo-muslims-magazines-papers.
[45] Charlie Hebdo cartoons banned at Dutch train stations: too dangerous, 10News [online]. 2015. http://10news.dk/charlie-hebdo-cartoons-banned-on-dutch-train-stations-too-dangerous/.

[46] Jews reluctantly abandon Swedish city amid growing anti-Semitism. Haaretz. 2010. http://www.haaretz.com/jewish-world/jews-reluctantly-abandon-swedish-city-amid-growing-anti-semitism-1.301276.
[47] Denmark: Muslim refugees persecute Christian refugees. Pamela Geller [online]. 2014. http://pamelageller.com/2014/11/denmark-muslim-refugees-persecute-christian-refugees.html/#sthash.w0sYCnT4.6qoPuwsD.dpuf.
[48] Islam and antisemitism. Wikipedia [online]. 2015. http://en.wikipedia.org/wiki/Islam_and_antisemitism.
[49] Trojan Horse: UK Fears Islamic Takeover of Schools. CBN [online]. 2014. http://www.cbn.com/cbnnews/world/2014/June/Trojan-Horse-UK-Fears-Islamic-Takeover-of-Schools/
[50] Trojan Horse Original. Scribd [online]. 2014. http://www.scribd.com/doc/211508398/Trojan-Horse-Original.
[51] Trojan horse plot report: 'disturbing' evidence of intolerant Islamic ethos. The Telegraph [online]. 2014.http://www.telegraph.co.uk/education/educationnews/10983109/Trojan-horse-plot-report-disturbing-evidence-of-intolerant-Islamic-ethos.html,

www.ingramcontent.com/pod-product-compliance
Lightning Source LLC
Chambersburg PA
CBHW061337040426
42444CB00011B/2969